JN172027

和歌山の差別と民衆

女性・部落史・ハンセン病問題

矢野治世美

阿吽社

和歌山の差別と民衆

女性・部落史・ハンセン病問題

もくじ

Ⅲ―近代のハンセン病問題

凡例

1. 本文の記述には原則として常用漢字・人名漢字・現代かな遣いを用いた。ただし、固有名詞や引用史料はこの限りではない。

2. 年代の表記は原則として、江戸時代以前は和暦、明治時代以後は西暦を使用し、必要に応じて西暦・和暦を併記した。また、一八七二年（明治五）一二月二日までは旧暦を使用した。

3. 引用史料の典拠は註で示し、該当する部分の史料番号やページ数を付した。ただし、『和歌山の部落史』の史料編各巻については頻出するので、初出のほかはそれぞれ『史料編前近代1』『史料編前近代2』『史料編近現代1』『史料編近現代2』『史料編高野山文書』『補遺・年表編』と短縮して文書番号を付した。

4. 前近代に関する記述について、原史料を引用する場合は書き下し文や口語訳に改めたり、読みやすさを考慮して句読点を新たに付した場合がある。

5. 本書執筆にあたって参考とした先行研究は註で示し、巻末に引用・参考文献一覧を付した。

6. 本書中、史料を引用する際など現代では差別的と見られる用語や記述をあえて使用した場合がある。

まえがき

著者は２００６年から一般社団法人和歌山人権研究所で和歌山の部落史編纂事業に従事し、史料調査など日々の業務を進めていくなかで差別・排除の問題や部落史・被差別民衆史について自分なりの問題関心を持つようになった。本書は２００８年から２０１５年にかけて和歌山の部落史編纂事業の成果（『和歌山の部落史』全七巻、明石書店、２０１０〜１５年）によりながら、女性、被差別民そしてハンセン病問題についてまとめた論考がもとになっている。

第Ｉ部には女性に関する論文を収めた。第一章「近世高野山の女人禁制」では、和歌山の部落史編纂事業による調査で発見された「金剛峯寺日並記」をもとに江戸時代の高野山における女人禁制の実態を検討した。第二章「浄土真宗の尼講――紀伊国の事例から」、第三章「部落女性のくらし――和歌山の部落史の史料から」では、前近代の被差別身分の女性、あるいは近現代の被差別部落の女性たちが二重、三重の差別のなかでどのように生きていたのか明らかにしようと試みた。

第Ⅱ部には江戸時代の紀伊国における被差別民に関する論文を収めた。第一章「高野山と被差別民」は、皮田や非人番、三昧聖（さんまいひじり）（谷之者）など、これまであまり知られていなかった高野山寺領における被差別民の概要をまとめたものである。第二章「近世紀伊国の多様な被差別民」と第三章「皮田村の生業と生活」は、『和歌山の部落史　通史編』の執筆担当部分をもとにしている。和歌山の部落史、被差別民史については渡辺広による研究をはじめとして多くの先行研究があり、本書の論考を執筆するにあたってそれらの研究成果に学んだところが大きい。

第Ⅲ部は第一章「ハンセン病問題と和歌山県——近代の湯の峰温泉をめぐって」、第二章「高野山とハンセン病——近代以降を中心に」として、近代以降の和歌山県とハンセン病問題に関わる論文を収めた。日本の場合、政府の誤った隔離政策が多くの人びとの人権を侵害したことは言うまでもないが、和歌山県も決して無関係ではなかったのである。

それぞれの論考をまとめる作業をしていて痛感したのは、和歌山で生まれ三〇年以上住んでいるにもかかわらず、差別の歴史については知らないことがとても多いということである。私がハンセン病問題に関心を持つようになったのは、第Ⅲ部の付論1「和歌山県とハンセン病問題——戦後の新聞記事から」で紹介したひとつの新聞記事がきっかけである。本書の論考は「小さな疑問」から出発したものが多い。また本書で取り上げた史料の多くは被差別の当事者にとっての「痛み」の記憶であると同時に、人びとが差別と向き合い、乗りこえようと努力を重ねてきた記録でもある。「痛み」の記憶と記録に向き合いながら、「小さな疑問」を解き明かす作業を積み重ねていくことで現代の差別にも向き合っていきたい。

矢野治世美

I
女性への差別

一　近世高野山の女人禁制

はじめに

主に寺社や霊場など宗教や信仰にかかわる場において、女性の立ち入りや行事への参加を拒否・排除する慣行を女人禁制という。古代から現代にいたるまで確認されている現象であり、これまでに女人禁制の成立過程や時代的変遷に関する研究が蓄積されている。[1]女性が排除された根拠については、血の穢れから女性を不浄な存在とみなす思想（女性不浄観）により、女性が差別的に排除されるようになったと理解されている。

和歌山県伊都郡にある真言宗の高野山（金剛峯寺）も、弘仁六年（八一五）に空海（弘法大師）が開創して以来、明治五年（一八七二）三月に太政官布告によって全国の神社仏閣の女人結界が廃止されるまで、長年にわたって女人禁制の地とされてきた。

しかしながら、『和歌山の部落史　史料編前近代1』（明石書店、2014年、以下引用する場合は『史料編前近代

1』と略記）に収録された「金剛峯寺日並記（ひなみき）」[2]には、一八世紀以降の高野山の女人禁制にかかわる史料が含まれており、それらを検討していくと、江戸時代の高野山の女人禁制の問題については、まだ考察の余地が残されているように思われる。そこで本章では、女性の高野山参詣に関連する「金剛峯寺日並記」の記述をもとに、江戸時代中・後期の高野山における女人禁制の実態についての検討を試みる。なお、高野山の女人禁制に関しては、日野西眞定が古代から近代の女人禁制解除にいたるまでを通史的に検討している。本章もその成果に学ぶところが大きい[3]。

1　女性の高野山参詣と女人堂の機能

（1）宿泊施設としての女人堂

高野山は、標高約九〇〇メートルの山地に位置し、江戸時代には大門から奥之院までの、「内外八葉」と呼ばれる峰々に囲まれた境内地（山上）と、紀ノ川以南の紀伊国伊都・那賀（なが）両郡の山間部の村々（山下）で構成される寺領約二万一〇〇〇石を領有していた。明暦元年（一六五五）の時点で、山上には一八八三か寺の寺院が存在し、僧侶三七八八人が起居していた。江戸時代以降、徳川家一門や諸大名が山上の各寺院の檀那となり、また空海を祀る奥之院の御廟や諸寺院に参詣するために多くの人びとが来訪し、山上には土産物や日用品を扱う商人・職人の店が軒を連ねていた[4]。

天保一〇年（一八三九）に成立した『紀伊国名所図会』に、「登山七路　七口ともに女人堂あり、堂より上にハ女人の入る事を禁ず」とあるように、女性は七口と呼ばれる七か所の出入り口に設置された女人堂から先に立ち入ることは許されていなかった[5]。女人堂は、寺社や霊場の周辺に設けられ、結界内への立ち入りを許されなかった女性たちが参籠・遥拝するための施設と説明されることが多く、このような施設は、高野山のほか、比叡山（花摘堂）、越中立山（姥堂）や吉野大峯山（母子堂）にも存在したことが知られている。なお、高野山の七口とは、大門口、不動坂口（京口）、大滝口（熊野口）、龍神口、大峰口（野川口、東口）、黒河口（大和口）、相浦口を指し、不動坂口の女人堂が唯一現存している。

日野西眞定は、高野山の女人堂の発生時期を七口が固定した天正年間と考えるが、女人堂は当初から女性が籠るための施設として設置されたのではなく、本来は山之堂と呼ばれていた建物がしだいに女人堂として利用されるようになったと推定している[6]。日野西は根拠として、『紀伊続風土記』の「山堂女人の宿所」[7]という記述をあげているが、この点について他の史料から確認したい。

天正一一年（一五八三）三月ごろの高野山の様子を記した「宇野主水日記」には、「高野山ニ女人ノノボル所方々ニアリ、ソコヨリ寺中悉ミユルト云々」とある[8]。一六世紀の終わりごろには、山上に入れない女性たちが周囲の山々から高野山の伽藍を遥拝するという習慣が成立していたものと考えられる。

寛文一二年（一六七二）の序がある高野山の地誌『高野山通念集』[9]の序文には、「高野山ハもとより女人結界乃地なり。されは女性ハ五障乃雲あつく、法性の月のさはりあれは、此山に影をさゝす、たまく〳〵歩みをはこふといへとも遥なる峯をわたりて、余所なから拝見し、近く界内に足を入る事」はできないという記述が見える。なお、『高野山通念集』には女人堂の項目がなく、挿絵には不動坂口の女人堂（一心院女人堂）に該当する位置に、「山の堂」と注記された小屋が描かれている。また、『紀伊国名所図会』の「轆轤峠」の項には、「壇上の諸伽藍寺院とも眼下にみゆ、女人堂めぐりをすれバこのところに出るなり」として、峠から壇上伽藍を遠望する女性たちの姿が挿絵に描かれている。

元禄二年（一六八九）成立の「南遊紀行」（貝原益軒著）には、「不動坂、高野北の口也。郭外に女人のとゞまる堂あり。諸国より高野へ来る女人、境内に入事を許さず、郭外を廻りて此堂に入て休す。檀那の僧より酒食をもちおくりて饗レ之」とある。寛保三年（一七四三）の「南歩の記行」（彰馴亭花鈴著）には、山之堂は女人堂とも呼ばれて、四方に縁側が設けられ、内部は板敷で、男性の同行者が山内に参詣している間、女性は山之堂の後ろの庵室で待ち、宿坊（男性の参詣者が宿泊）が酒飯を用意して女性参詣者をもてなすとある。[10]

また、正徳四年（一七一四）一〇月の「山林法度条々」には、「一、七口の山之堂に女人客これ有る節は、奉公人に雑言申させまじく候事」とあって、女性参詣者が山之堂を利用していたことが確認できる。[11]

以上の点からも、山之堂が女人堂として利用されるようになったとする日野西の指摘が妥当であることを確認することができた。ただ、女性参詣者が周辺の峠などに登って山上の伽藍を遥拝するようになった時期と、山之堂に女性が滞在するようになった時期には、若干の時間的なずれがあるように思われる。

ところで、江戸時代の庶民の旅の様子を知ることができる史料として、道中日記などの記録が近年注目されているが、実際に高野山の女人堂に滞在した時の様子を記した女性の道中日記も紹介・翻刻されている。[12]

駿河国庵原（いはら）村の山梨志賀子という女性は、寛政四年（一七九二）二月に高野山を訪れた時のことを、「相ともなふ人々は坊にのぼり、わが身は女人堂に宿り侍る。又、肥後国よりまふでしとて、女人壱人、是も相やどりして、夜もすがらかたり明し侍りぬ」と書き残している。[13]翌日、志賀子は案内を頼んで谷上院谷の北西の嶽山にある弁財天（嶽山弁財天）に参拝し、山頂から壇上伽藍（だんじょうがらん）の大塔などを遥拝して、大門に至る山道を通って花坂を下り、ふもとの天野、慈尊院に向かっている。

嘉永七年（一八五四）四月一九日に高野山に到着した自芳尼の場合、男性の同行者は山内の宿坊に滞在し、本人は大門口の女人堂に祠堂金を納めて宿泊した。女人堂内での詳細は記されていないが、やはり案内を頼んで「外ノ山」から「御療（廟か）所」や堂塔を遥拝したという。[14]

山梨志賀子や自芳尼は男性の同行者がいたが、女性だけで高野山に参詣するケースもあった。新城常三によれば、江戸中期から幕末期にかけての高野山登山帳（参詣者名簿）を分析した結果、女性の高野山参詣に関してもっとも特徴的な地域は越後国で、「女性が男性と別個に自主性をもって登山している人数の方がより多い」という。[15] なお、宝暦二年（一七五二）六月に、越後の女性が女人堂で男児を出産した記録が残っている。[16]

女性参詣者が山道でおいはぎに襲われたり、山内の住人から不埒なふるまいを受けたりすることもあった。高野山側は警備や見まわりなどの具体的な対策を講じており、女性参詣者への一応の配慮が見られよう。[17]

高野山を訪れた巡礼者や旅人が死亡した場合は同地に埋葬されることになっていたが、女性参詣者が女人堂滞在中に不慮の死を遂げた場合は、「女人堂の下の墓」に埋葬されることになっていた。

［史料1］

〔「金剛峯寺日並記」寛保三年六月二七日条〕

一清浄心院より、此間越後より女人客登山致し、女人堂にて発病仕り、一両日は殊の外相重く申し候間、若し相果て候はば、先年葬り候墓所へ遣わし申したく候、先年御忌年に女人一人相果て、其の節御衆評へ御窺い申し上げ、女人堂の下の墓へ葬り申し候、此度も其の通り仕るべきと存候、其の趣御聞き

置き下さるべき由、使僧を以て相届けられ候事

（『史料編前近代1』Ⅲ－二－89、以下引用史料は原文を書き下し文に改めた。傍線は筆者による）

「先年御忌年」は、空海の入定九百年目にあたる享保一九年（一七三四）の遠忌を指している。遠忌と女性の参詣をめぐる問題については後述するが、この遠忌の時は法要が行われた三月二〇・二一日に参詣者が殺到し、群衆に押されて山内の中心部に近い千手院谷（現在の高野町役場付近）までもみ込まれた女性がいたという。[18]そのうえ、この年の遠忌には女性の参詣者も例年以上に多く訪れていたようである。

［史料2］

〔「金剛峯寺日並記」享保一九年三月一四日条〕

一右惣代恵教房口上にて申し候は、御忌の節、非事吏方院々女人客有るべきの旨存じ候間、院々方寄之外山へ仮屋致したき由願い申し候間、先日御窺い申し置き候通、立木等切り取り申さず、往来作障に相成らず候様に致され候様にと申し付け帰し候事

（『史料編前近代1』Ⅲ－二－88）

「惣代恵教房」は、高野山の三つの僧侶集団のうちの聖（ひじり）方の寺院の惣代である。恵教房は、遠忌に合わせて参詣する聖方寺院の所縁の女性のために「外山」に仮小屋を建てたいと以前から学侶（がくりょ）方の年預（ねんにょ）坊に打診しており、年預坊は樹木を伐採せず、往来の妨げにならないようにするという条件付きで容認している。「外

山」は女人結界の外側の区域を指すと考えられるが、遠忌という重要な法要に限定されたとはいえ、寺院が女性参詣者のために仮小屋を設けたという事例は、高野山の女人禁制の実態を考えるうえで貴重な史料であろう。

（2）宿泊施設以外の機能

一般的に女人堂は女人禁制を象徴する存在であるというイメージが強いが、高野山の場合、寺領内で発生した事件・犯罪の関係者の取り調べが女人堂（山之堂）で行われることがあった。

たとえば、文政一三年（一八三〇）二月中旬、伊都郡上古沢村のきくという女性がシュロ皮を盗んだという疑いから、南谷女人堂で取り調べを受けることになった。その結果、きくはシュロ皮を盗んだことを白状し、三月四日に惣寺領内追放が執行された[19]。

同じ年の四月、那賀郡杉原村で勇三郎という男性が変死する事件が発生し、元妻のつねという女性（事件時は同村文次郎の妻）が南谷女人堂で取り調べを受けている。つねは勇三郎を殺害したことを白状し、入牢を申し付けられた。厳罰が予想されたが、杉原村の薬師寺の嘆願により、つねは薬師寺の弟子となって落髪し、勇三郎の菩提を弔うことで助命された。南谷女人堂で三沙汰人（学侶方の役人である年預代・惣預・行事代）が立ち合いのもと、つねは薬師寺に引き渡された[20]。

ただし、男性の被疑者の取り調べや、召し捕えた胡乱者の収容にも女人堂が使用されているので[21]、女性の取り調べだけに限定されていたわけではない。

参詣以外の目的で、女性が女人堂に滞在する場合もあった。宝暦三年（一七五三）三月一〇日、那賀郡尼寺村の智貞尼（知貞尼とも）は、妹婿の那賀郡井ノ口村の彦四郎に預けた銀子の返却を訴える願書を携え、慈尊院村から山上へと向かった。智貞尼の訴えは首尾よく聞き届けられたようで、一四日には下山しているが、この間智貞尼は女人堂に滞在している。山内には公事宿が存在したが、女性の立ち入りが認められていなかったため、女人堂で待機したのであろう[22]。

以上の点を踏まえると、高野山の女人堂は、高野山が領主として寺領を支配するうえでも重要な役割を担っていたことがわかる。この問題については、さらに検討を重ねる必要があるが、少なくとも他の霊場において女人堂と呼ばれる施設は、このような機能は有していなかったと思われる。

2　女人禁制の方法

（1）棟杭・制札の設置

本章では、江戸時代の高野山において、女人禁制を維持するために具体的にどのような措置が取られたのかを確認する。

嘉永二年（一八四九）六月一七日、奥之院の断食所の堂守（どうもり）（寺領内のさまざまな用務を現場で処理した僧侶）が年預坊に呼び出され、黒河口に「女人留棟杭」を立てるように命じられた。七口には下乗札と制札（または制札のみ）が立てられていたが[23]、この棟杭がこの時に初めて立てられたのか、立て直されたものかは不明である。黒河口の棟杭は槇の木で作られ、長さ一間半で「此内へ女人入へからす　若心得違之者有之におゐてハ可為曲事者也」と書かれていた[24]。高野山にはかつて「不許葷酒尼女入山門」という文言が刻まれた結界石も存在していたという。[25]

通常、女性参詣者は、山上周辺の女人堂をつなぐ山道（女人道、結界道）をたどり、山頂から御廟や壇上伽藍を遥拝する方法を取っていたが、時には道を外れて奥之院や寺院に迷い込むことがあった。そのため、ある時期に学侶・行人（ぎょうにん）が相談し、女性が立ち入らないように、御廟近くに門が、「和佐峯」に乱杭が設置された。[26]

恒常的な棟杭・制札に対し、山上以外の場所に女人禁制を指示する制札が臨時に立てられる場合があった。空海の入定九百年目にあたる享保一九年（一七三四）正月には、大坂町中に次のような制札が立てられた。

［史料3］

〔「金剛峯寺日並記」享保一九年一月二一日条〕

一大坂町板札立て候草案

当年（＝享保一九年）三月二十一日、弘法大師九百年忌につき、女人を許して一日高野山の境内へ入れ候様に相触れ候由、その聞こえこれ有り候、高野山は大師以来女人結界の地にて候えば、一日の儀は申すに及ばず、少しの間にても女人境内へ入れ候儀、これを許さず候、口々女人堂迄は有り来りの通、参詣を許し候、以上

寅正月日　　　高野山寺務青巌寺

役人

右の通り五枚相調え候、筆者持宝院

（『史料編前近代1』Ⅲ－二－88）

制札の設置は、九百年遠忌の年に特別に女性の高野山内への立ち入りが許されるといううわさが流れたことに対する対応であったが、翌年に一千年遠忌を控えた天保四年（一八三三）六月にも女性の参詣が許可されるといううわさが広まった。この時には大坂・美濃・尾張の辺りまで、高野山に持参すると壇上伽藍や奥之院まですぐに拝見できるというお札を女性に売って廻った者がいたという。[27] この時も年預坊は「先例の通り」として、寺領の慈尊院村・花坂村・安良川（荒川）市場村と四村庄内麻生津（おうづ）峠の人目につく場所に、次のような文言の立札を立てるよう命じている。

［史料4］
〔「金剛峯寺日並記」天保四年六月七日条〕

覚

来午三月、弘法大師一千年御忌につき、当山へ女人参詣相成る等と謂ふらし候由、当山は女人結界の地に候ゆえ、女人堂より内へは女人立ち入り候儀、堅く相成らず候者なり

巳七月　高野山学侶
年預坊
役人

（『史料編前近代1』Ⅲ－二－92）

行人領の村にも総分役人・興山寺役人の連名で同じ文言の立札が残されている。[28]［史料3］［史料4］は、開祖の遠忌という重要な法要に関わって女人禁制が改めて指示されたものであるが、いずれも「特別に女性の参詣が許可される」といううわさが流布したことが注目される。こうしたうわさは、享保一九年の遠忌ごろから流行ったとみられ、天明四年（一七八四）の九五〇年遠忌の時には、「高野山の使僧」を名乗って人びとから寄付を求め、そのうえ「界内へ女人参詣相成やうに」触れまわる者が現れたという。これに対し、高野山は諸国の末寺に宛てて、「従来結界の地に候へば左様の事は決してこれ無し、又当山よりは勧化の僧一切これを出さず候」という廻文を発したという。[29]

（2）女性の差し止め・排除

女人禁制を示す棟杭や制札のほか、遠忌法要が執行されるにあたって女性が山内に立ち入る可能性が想定された場合には、七口での差し止めが指示された。

［史料5］

〔「金剛峯寺日並記」享保一九年三月一八日条〕

一女人口々制し候人足、先頃修理奉行へ申し付け候処、俄に不足これ有り候て難儀の由申し参り候間、往復致し、修理下百姓共五十五人へ差紙遣わし、廿日・廿一日両日口々女人制し候様に申し渡し、金堂明き小屋に入れ置き候て、人足の内一両人世事致す様に申し付け、飯米修理奉行へ申し付け候事

（『史料編前近代1』Ⅲ－二－88）

［史料5］は、［史料3］と同じく享保一九年の九百年遠忌にかかわるものである。寺領のうち修理領（学侶・行人の共同管理）の百姓を動員して、法要が行われる三月二〇・二一両日（旧暦三月二一日は空海が入定した日）に、山上への入り口で女性の登山を差し止めるよう指示したものである。享保一九年の遠忌には参詣者が押し寄せ、前述のようなうわさが流れたこともあって、女性参詣者も殺到すると予想されたのか、多数の百姓を動員したものと考えられる。天保五年（一八三四）の遠忌の時にも、法要が行われた両日には不動口・大門口に学侶・行人が小屋を建て、五～六人ずつ詰めて女性が立ち入らないように見張らせている。(30)

高野山では遠忌以外にも臨時にさまざまな法要が執行されており、そのひとつに修造上葺供養がある。修造上葺供養とは、奥之院の御廟を修造したり、屋根を葺き替えたりする際に執行された法要のことで、寛永二年（一六二五）六月以降は数えで二一年目（二〇年に一度）、上葺供養が行われるようになった。

この法要の際にも、登山口で差し止めを行ったにもかかわらず、女性が奥之院の御廟付近にまで立ち入った事例を確認することができる。

［史料6］

〔「金剛峯寺日並記」享保一〇年六月二一日条〕

一今日御出仕の時、女人大勢入り込み、御廟の橋の内、道の両脇強半は女人にて候、前代未聞の儀、是れ役人の無調法たる由仰せられ候えども、兼て加様と存じ候はば、警固稠しく申し付け候えども、前代未聞の儀に候えば、俄に払い去らしめ候えども、多勢に候えば、致すべき様もこれ無し、打擲も致

し難く候段、申し上げ候

（『史料編前近代1』Ⅲ－二－87）

享保一〇年（一七二五）六月二一日、奥之院で行われた上葺供養に出仕した僧侶たちは、御廟橋の内側に女性が立ち入り、「道の両脇強半は女人」という「前代未聞」の状況を目撃した。年預代は、すぐに追い払おうとしたものの、人数が多すぎてなすすべもなく、棒などで打ち叩いて追い払うわけにもいかないと報告している。水原尭栄『女性と高野山』には、この一件に関連する史料が紹介されている[31]。

［史料7］

差上申書付之事

一先年祖廟上棟の節、女人奥院へ入り込みに付き、聞持堂・護摩堂より、兼て上棟の節は奥院へ女人入り候ても苦しからざる由相触れ候故、右の通これ有り候と仰せ聞かされ候、迷惑に存じ奉り候、其の節も拙者共より左様の品相触れ候儀、一切御座無く候、明年御年忌の節も、不埒成る儀これ無き様仕るべき由仰せ聞かせられ、畏まり奉り候、尤も御年忌の節、道心者相かたらい、女人奥院へ入れ候儀、相触れ候等の儀一円仕る間鋪候

享保十八癸丑年五月廿五日

護摩堂㊞

聞持堂㊞

御年預坊

（水原尭栄『女性と高野山』115頁）

護摩堂・聞持堂は奥之院にあった堂舎で、［史料7］の作成者はその管理者（堂守）であろう。両者の主張はおおよそ次のように整理できる。

①享保一〇年の御廟上葺供養の際、女性が奥之院に立ち入った問題（＝史料6の事件）について、「以前から護摩堂・聞持堂が、上葺供養が行われる日は女性が奥之院に立ち入っても差し支えない」と吹聴したために、そのような問題が起きたのだと（年預坊から）注意を受けた。

②しかし、①のような事実は一切なく、護摩堂・聞持堂にとっては迷惑な話である。

③明年（＝享保一九年）の御年忌にあたっても、不埒なこと（＝女性を山内に立ち入らせること）がないよう心掛けるようにとの命令は、つつしんで承るものである。

④もちろん、御年忌の際に道心者が偽って女性を奥之院に引き入れるということを言い触らすようなことは一切行わない。

［史料6］のような「前代未聞」の状態が発生したのは、女性を山内に引き入れる者がいたせいだと年預坊が認識していたことになるが、実際のところ、道心者や山内の寺院に仕える下男のなかには、女性の参詣者を案内して奥之院の御廟まで連れていく者が存在し、問題視されていた。(32)

［史料8］

〔「金剛峯寺日並記」延享二年六月一九日条〕

一大日堂召し寄せ、当二十一日上棟の日、一心院女人堂、大門口へは其口の堂守に山之堂相添え、胡乱者又は女人等参らず候様に急度番仕り候旨申し渡し、其の外の堂守ならびに山之堂は、寺家を徘徊致し、盗賊、火の用心等油断無き様に相勤め申すべき旨申し渡し候事

〔同　六月二〇日条〕

一紙谷(神)より修理下役人壱人、此方役人壱人参り候て、今日女人大勢登山仕り、制道成し難き由申し来たり候につき、急度申し付け、厳重に政(制)道仕るべき旨申し付け候、右の趣清浄心院・北室院・西室院へ申し上げ候処、堂守へ申し付け、山々口々堅めさせ申すべき旨仰せ付けられ、大日堂へ右の段申し付け候事

（『史料編前近代1』Ⅲ－二－90）

［史料8］は延享二年（一七四五）六月二一日に行われた上葺供養に関する史料である。一心院（不動口）女人堂と大門口の堂守・山之堂[33]に対し、法要の前々日、胡乱者や女性が山内に立ち入らないように注意して見張るように指示している。堂守は山内の九か所に置かれていたが、とくに一心院と大門口の堂守が指名されているのは、この二か所は七口のうちでも通行者が多かったことによるのであろう。ふもとの慈尊院村に対しても、「女人高野参リ、堅無用ニ可仕由」を周知するように命じられている[34]。

ところが、法要が行われる前日の六月二〇日になって、高野街道沿いの神谷に派遣されていた修理・学侶方の役人から、大勢の女性が山上をめざして登山しており制止が困難である旨の報告があり、年預坊はさらに厳重に取り締まるように命じている。その効果があったのか、法要当日には女性は一人もやって来なかっ

たと堂守がのちに報告している。

また、道心者や寺の下男の手引きもなく、御廟への参詣を試みた女性も存在した。

［史料9］

〔「金剛峯寺日並記」文政一三年七月一三日条〕

一阿弥陀堂良海より今日四つ時頃、女壱人奥院へ参詣の由にて、寺家へ入り込み天神坂迄参り候につき、早速山男へ申し付け、追い懸けさせ候処、追い付き摩尼道へ連れ出し候えども、是非共大師様へ参詣いたし度旨申すに付き、奥院骨堂の裏より遥拝致させ本道へ連れ出させ候旨届け出候、尤も右女人、不動堂并に町家の者共見付け、寺家へは女人禁制の由申し聞かせ候らえども、理不尽に入り込み候趣に候事

（『史料編前近代1』Ⅲ－一－91）

この女性は奥之院の参道の途中にある天神坂（一の坂）まで立ち入り、山男が追いかけて摩尼道（まに）（摩尼峠へ向かう道のことか）に連れ出したが、女性が「どうしてもお大師様にお参りしたい」というので、奥之院骨堂の裏手から御廟を遥拝させ、ようやく連れ出すことができた。女性の姿を目撃した役人や町家の人びとが女人禁制であることを言い聞かせたが、なおも女性が「理不尽」に入り込んだ様子であると「金剛峯寺日並記」には記録されている。

ところで、中世以前の高野山では、このような「理不尽」とされる行為は見られなかったのだろうか。鎌

倉時代の「後宇多院御幸記」によると、正和二年（一三一三）八月に後宇多法皇が高野山に参詣した折、その様子をひと目見ようと「近里女性等、其数巨多」が男装して結界を越え、長峰辺まで登攀したので、手杖を携えた寺僧数十人が「大門横峰」で追い払ったという。[35]

中世末から近世初期に盛んであった説経節の代表作「苅萱」では、妻子を置いて出家した筑紫国の加藤繁氏（苅萱道心）が高野山にいることを知った妻と息子の石童丸が、学文路（かむろ）の宿で「（高野山は）木萱草木、鳥類畜類までも、男子というものは入るれども、女子というものは入れざれば、一切女人は御きらいなり」と説得され、母をふもとに残して男子の石童丸だけが山に登るが、ここでも女性が山に登ること自体が禁忌とされている。[36]

おそらく中世段階では、伽藍や奥之院まで女性が立ち入るようなことはまずありえない状態であったと考えられる。ところが江戸時代になると、女人禁制が標榜されていたにもかかわらず、実際に禁忌を破る女性が出現し、遠忌や上葺供養などの法要にあたっては、女性の立ち入りが許されるといううわさまで世間に流布するようになるのである。

それでは、なぜ近世になってこのような変化が生じたのだろうか。山之堂が女人堂として利用されるようになったことや、遠忌などの重要な法要に（もちろん女性も含めて）参詣者が殺到するようになったことから考えると、中世と近世で寺社への参詣のありようが大きく変わったことが関連するのではないかと推測している。

江戸時代になると女性が結界を越える事例が見られるようになる要因については、禁制が弛緩してきたことをあげる説もある。しかし、女性の罪障や劣性を強調する「五障三従」のような思想は、時代が下るとより尖鋭的になるのであって、宗教的な女人禁制と、前近代における女性の社会的な位置づけとの関連については、より慎重に検討する必要があろう。

おわりに

従来、女人堂については、結界内に立ち入ることのできない女性が参籠するための施設であるという面が注目され、女人禁制の象徴のように位置づけられてきた。

たしかに女人禁制は、現代社会においても女性に対する排除・差別を内包している問題ではあるが、その点を強調しすぎると、禁忌を侵してまで「是非共大師様へ参詣」したいという女性の思いを見過ごしてしまいがちになるが、女人禁制という制約が存在したなかでの当時の女性の信仰の様子を明らかにしていくことを今後の課題としたい。

二　浄土真宗の尼講――紀伊国の事例から

はじめに

国内・国外の多くの宗教は、女性に救済と解放をもたらす一方で、男性や家、国家に対する女性の従属性と性別役割を正当化し、固定化することで、歴史的に女性を差別し、抑圧してきたことが明らかにされている。[1]

仏教に関しては、一九九〇年前後から、フェミニズムの観点から仏教をとらえなおそうとする国際的な動きが盛んになり、国内でも批判・検討がなされてきた。[2] 歴史学の分野では、一九八四年に「研究会・日本の女性と仏教」が発足すると、女性史・仏教史の分野で研究が大きく進展した。それらの成果は、論集や研究書として刊行されている。[3] とくに古代・中世史で研究が充実してきているが、近世・近現代史に関しては、一部のテーマをのぞき、研究が停滞しているという問題がある。[4] また、信仰や宗教の外的・制度的な面を取り上げ、女性を規制した枠組みを明らかにする研究が不足しているという指摘もなされている[5]。そこで本章では、女性と宗教の問題を考えるために信仰の機構・組織に着目し、浄土真宗の「講」のうち、女性によって組織されていた尼講について検討する。

本来、「講」とは寺院で修する法会や信仰集団を指す。真宗の場合、親鸞の時代には法然の命日である毎月二五日に道場に門徒が集会し、念仏を勤行していたが、集会はまだ「講」の名称はついていなかった。門徒組織としての「講」の名称が現れるようになるのは、蓮如の時代以降とされる。真宗の「講」は教団の拡大に貢献してきた伝道の仕組みであると同時に[6]、本山への上納金を拠出する経済的性格も持っていた[7]。真宗の尼講に関する先行研究には、各地の尼講・女人講を仏教婦人会の成立前史として位置づけた千葉乗隆による通史的な研究がある[8]。

なお、史料上は尼講、女性講、女人講など複数の表記が見られるが、史料として引用する場合を除き、本章では「尼講」で統一した。

1　寺号・木仏の獲得と女性

（1）木仏・寺号の下付願

紀伊国名草郡岡島村の善行寺は、紀州藩牢番頭仲間の助左衛門家の旦那寺であり、「紀州藩牢番頭家文書[9]」には善行寺の設立や維持に関する史料が含まれている。

近世初頭、真宗の道場の寺院化が進むと、木像本尊（木仏）が安置されるようになった。末寺・道場の木仏には門主の裏書が授与され、木仏（あるいは木仏への裏書）下付と寺号の免許をもって、寺院としての形が整えられるようになった。末寺の木仏・寺号免許の際には、門主への冥加金のほか、取次や上寺に対する礼金も必要であった[10]。

［史料1］は、善行寺の寺号・木仏免許に関連する、宝永元年（一七〇四）初冬の年紀を持つ奉加帳である[11]。善行寺の場合、一八世紀初頭までには、講場・道場としての建物が存在していたと考えられる[12]。

［史料1］

「（表紙）就寺号木仏奉願
　　奉加帳
宝永元年
　　甲申ノ初冬上旬」

奉加帳前書

一当寺建立以来数ヶ年之今ニ至り、寺号無之、不許木仏ヲ、依之永年之間寺号・木仏之大望有之といへとも、当寺壇中貧地故、空しく光陰を送る、是なげかしき事ニあらすや、然ニ今仏法繁昌信心の顕れにや、諸旦那一同ニ思立、企太義ヲ、奉加いたし、累年之のぞミを欲相達と、是自心致す所ニあらす、偏ニ如来大悲之御恵ニよつて、大願成就時至り、喜悦之思不可過之者歟、然上は旁以一方抽合力を、大望可致成就事肝要也、且ハ先祖之望を相達し、可謂孝行共、且ハ子孫之後喜にも当り、仏法相続之縁ともなるへき者歟、仍奉加帳如件

一〆拾匁　　〆吉兵衛ノば、
戌ノ二月廿八日ニ相済候
申ノ十月七日道場ニて村中寄せ申候
一〆銀拾匁也㊞　　〆妙専㊞
弐分歩相添、酉ノ閏四月十六日に済ス
一〆同　内五匁ハ酉ノ五月六日済申候
皆済いたし候　　〆一ト㊞
（後略）

「奉加帳前書」では、道場建立以来、数か年を経過しても寺号がなく、木仏も下付されていない、永年にわたって寺号・木仏獲得の獲得を望みながら、旦那中の貧窮が理由でかなわなかったが、このたび諸旦那が思い立って奉加を集めることになったという旨が述べられ、その後に奉加の額と奉加者の名前が書き上げられている。申（＝宝永元年）一〇月七日に道場で寄合いが開かれ（「申ノ十月七日道場ニて村中寄せ申候」）、戌年（＝宝永三年）九月まで、ほぼ二年をかけて奉加が集められた。

［史料1］は、書き込みが多く、解釈が困難な箇所が多い史料であるが、基本的には①奉加の額、②納めた年月日、③奉加者の名前を記録したものである。

奉加の件数は一四五件にのぼるが、同じ人物が数回にわたって寄進している場合や、連名で寄進している場合があるので、奉加の件数と奉加者の数は完全には一致しない（本章では「一、…」で始まる記載を一件として数えた）。たとえば、「吹上中仝」として「久三郎・久次郎・きも入（肝煎）久介・同甚五郎」が、宝永二年閏四月一六日と翌三年九月七日に、あわせて銀二五〇匁を納めており、「吹上久三郎」は別に銀三〇匁を奉加している[13]。

奉加帳に記録された金額は、個人では「吉右衛門」の銀一〇〇匁から、「文右衛門かしや　さと」の三分と幅広く、全体としては五匁から一〇匁が多い。奉加は必ずしも一度に全額が納められた訳ではなく、前述の「吹上中」のように、二回以上に分けて納められることもあった。一五匁を納めた文右衛門の場合は、宝永二年閏四月、五月、八月の三回に分けて五匁ずつ納めた旨が注記されている。

この奉加帳には奉加の総額が記されていないが、記載された金額を合計すると、合計二貫一二匁八分となる。ただし、記載が抹消されたものや、金額と人名のみで年月日を欠くもの、合点が付されていないものについては、実際には納められなかった可能性も考えられるので、この金額はおおよその目安である。

さて、このようにして村内外の門徒から奉加銀を集め、なお不足する分については借銀等によって補われたようである（「村かね集り申候、残而不足六百め八吉右衛門・吉兵へ取替、右三百め吉兵衛ノ仮（ママ）、戌ノ正月迄ニ元利共相済申候、残二十匁五リ、吉右衛門方も酉ノ年中利相済申候」）。宝永五年八月から九月にかけて必要な文書が作成され、遅くとも宝永七年までには寺号・木仏が下付され、寺として成立したと考えられる[14]。

ところで、各人による奉加の書上げの末尾には、那賀郡井坂村の蓮乗寺が「是ハ親年忌心ざし（志）」として銀札一〇〇匁を奉加したという旨の記載がある。この頃、寺社奉行方の書類には、善行寺は蓮乗寺の末寺である旨が記載されていたようであるが[15]、寺号・木仏下付に関する一連の文書では、善行寺側は蓮乗寺末の道場であることを否定し、摂津富田本照寺の直末であると主張している[16]。

寺院の建立や維持に関わって、経済的な面での寺院間の関係については今後の検討が必要であろう。

（2）女性による奉加

［史料1］では、女性による奉加を三九件確認することができる（［表1］）。

女性による奉加の額は、「徳兵へ　はゝ」の銀一五匁から、「文右衛門かしや　さと」の三分まで、合計一

表1　宝永元年「就寺号木仏奉願奉加帳」に見える女性名

金　額	名　前
銀15匁	徳兵へ　はゝ
10匁	吉兵衛ノばゝ
10匁	きやうじゅん　ばゞ
10匁	吉兵衛かゝ
10匁	吹上久三郎　妻女
10匁	□兵へ女房　　＊取り消し線あり
7匁	藤八かゝ
5匁	きやうじゅん　女子おミつ
5匁	左右衛門　かゝ
5匁	与兵衛　かゝ
5匁	源太夫かゝ
5匁	庄八　かゝ
5匁	庄三　ばゞ
5匁	文右衛門　かゝ
5匁	定七長屋おつう　ばゞ
5匁	吉兵衛召使女　吉
5匁	吉助女房
3匁	又右衛門　女房
3匁	権右衛門　女房
3匁	長吉母
3匁	塩屋太郎作　ばゞ
3匁	吉介借屋　善吉後家
3匁	助右衛門後家　　＊取り消し線あり
3匁	左次右衛門　かゝ
3匁	仲ノ島杢兵へ　後家
3匁	吉介借屋　さご　　＊宝永2年閏4月分
2匁	吉助借屋　さご ＊宝永3年2月分、親十三年忌志として
2匁	彦介　はゝ
2匁	勘七　かゝ
2匁	吉介借屋　おぢよ
2匁	作右衛門借屋　かめ
2匁	おくう
1匁	吉右衛門長や　さわ
1匁	やす
5分	善兵衛かしや　こじよ
5分	善兵衛かしや　すて
5分	吉右衛門長や　すき
5分	吉右衛門長や　あこ
3分	文右衛門かしや　さと

※原文の配列を金額別に並び替えた。

へ六五匁三分となる。「徳兵へ　は丶」の場合は子の徳兵衛と合わせた額なので、女性個人による奉加銀の額としては、「吉兵衛ノば丶」以下の一〇匁が最も高額である。

女性の場合、「女房」「か丶（嬶）」「後家」「ば丶（婆）」のように記されている場合と、「かめ」「さと」のように名前が書かれている場合がある。

一拾五匁㊞　閏四月ニ相済申候　勘七㊞

一弐匁㊞　　　　　　　　　　同人

　　　　　　　　　　　　　　か丶㊞

一拾匁㊞内七匁戌ノ五月廿八日ニ受取

　残而三匁亥ノ正月ニ相済　長吉㊞

一三匁㊞　閏四月ニ相済申候　同人　母

（原文には合点が付されているが省略した）

妻や母の場合は、夫や子の名前の後ろに、別途金額と名前が記載されていることが多い。子の徳兵衛と合わせて一五匁を納めた「徳兵へ　は丶」のような例もあるが、「定七長屋おつう　ばゞ」の場合は、子と考えられるおつうの奉加は確認できない。

左次右衛門、吉兵衛、源太夫、文右衛門、権右衛門は村の肝煎層で、彼らは牢番頭仲間・庄屋に次ぐ、村を代表する存在であった。[17] したがって、「吉兵衛ノばゝ」「権右衛門女房」「源太夫かゝ」「文右衛門かゝ」「左次右衛門かゝ」は、肝煎層の母・妻ということになる。「吹上久三郎　妻女」は、吹上非人村の長吏である久三郎[18]の妻と考えられる。

後家による奉加は、線で抹消された「助右衛門後家」を除くと、「吉介借屋　善吉後家」「仲ノ島杢兵へ後家」の二件が確認できる。

次に、名前が記されている女性であるが、名前のみ記されている奉加が、「おくう」「やす」の二件あり、「善兵衛かしや　こじよ」など、借屋・長屋に居住している女性による奉加が一一件ある。このうち「吉介借屋　さご」は、宝永二年閏四月に二匁、翌年二月に親の十三回忌の志として、さらに三匁を納めている。「さご」「おくう」「やす」は、おそらく借屋・長屋住まいの単身女性だったのだろう。このほか、「吉兵衛召使女　吉」のような奉公人も奉加に参加している。

宝永元年の奉加帳には、尼講による奉加は確認できないが、善行寺の寺号・木仏取得の過程で、村落上層の妻・母から、借屋人・奉公人層まで、さまざまな立場の女性たちが寄与していたことを確認しておきたい。

ところで、女性たちはどのようにして奉加銀を捻出したのであろうか。

越後国蒲原門徒について紹介・分析した奈倉哲三は、文久元年（一八六一）の宗祖親鸞六百回大遠忌の際、越後国三条掛所配下の寺院全体に割り当てられた本山への「志」の額を、一般の勧化金や伊勢神宮の式年遷宮の特別奉加金と比較して、寺社への寄付金としては異例の額であると指摘している。[19]

同時期の紀伊国内の寺社への奉加と比較すると、元禄一一年（一六九八）、伊都郡中飯降（なかいぶり）村の東光寺薬師堂の再建時には、村内外から金銀銭合計一貫五九九匁余の奉加が集められている。[20] 木仏・寺号の免許と、堂宇の建立という違いはあるが、善行寺への奉加のおおよその規模を推測することができるだろう。

善行寺の寺号・木仏取得に関わる奉加の場合、女性による奉加を単純に平均すると、約四匁二分となる。奉加した女性は、「吉兵衛召使女　吉」のような奉公人から、ある程度の資産を有していた可能性がある村落上層の女性までと多様であるが、これらの女性たちがどのようにして寺社への奉加を工面したのか、という疑問を明らかにするためには、近世の女性の労働や、資産所有について考えなければならないだろう。[21] たとえば、尼講など宗教との関わり方を通して、前近代の被差別身分の女性の実態を明らかにすることが可能ではないかとの見通しを持っている。[22]

2　寺院の維持・運営と尼講

（1）村定に見える尼講

次に、寺の維持・修復と尼講の関係について、「紀州藩牢番頭家文書」の他の史料から検討してみよう。

［史料2］は、全五七か条からなる岡島村の村定である。[23] 表紙に「村定改正本文之通申聞ケ度　乍恐御窺申上候　岡嶋皮田村」とあり、正確な年紀を欠くが、天明八年（一七八八）以降に作成されたと考えられている。法度の遵守など、一般的な村定に典型的な条文に加え、雪駄直しや芸能・皮革など皮田村としての性格に関わる条文や、牢番・掃除など役負担に関する条文も多く、村講や頼母子に関する条文が比較的多く含まれている点が注目されている。[24]

この「村定」のうち、第32条・第33条・第35条が童子講[25]・尼講に関する規定である。

〔史料2〕

〔第32条〕

一村方童子講・尼講之儀、此度被為仰出候趣も有之、向後左之通改正致候間、其趣可存候、童尼両講自今先年之通一寺之旦家切ニ而講組執行可致筈、右講組之儀ハ、法儀為相続、又ハ修講後、残銀を以寺方破損修造之助成とも相成候処、近年風儀悪敷、法儀相続ニ而ハ無之、奢ニ長シ、斎悲(非)時両度之膳部献立好悪を争ひ、自然造用多費、講組ゟ残銭寄附等も出来不申、悉皆奢ニ入費シ、古風儀罷在候古キ講組等数々及退転、不法儀之致方、如何之事ニ候、自今童尼講、村方一統斎悲時両度之膳部相止メ、斎一座ニ可致候、夜食ハ講組同行之外、余人へハ出シ申間敷筈

〔第33条〕

一童尼講同行共、法事参詣斎座へ出候節、背ケ之衣類訖度着用致間敷候、右者此度厳敷被為仰出も有之事ニ候へ者、常着之侭ニ而参詣出席致、神妙ニ法儀相続有之事

〔第35条〕

一童尼講斎献立之儀ハ、一汁壱菜、右之通諸事質素ニ致候得者、法儀も永ク相続致可申候、右ニ順シ村方一統仏事・報恩講等酒飯之取扱、家内之造作急度相止メ可申事、右此度改正之通、童尼講并法事・法恩(報)講等倹約ニ執行可致候、右定相背候講組ハ退転可申付候、若是迄之通給物通ニ相抱候ものハ、講組江入申間敷候事

第32条によれば、この村定が作成された時期には、御斎・非時の献立の善し悪しを主張して講の費用がかさむようになり（「斎悲時両度之膳部献立好悪を争ひ、自然造用多費」）、その結果、残金が残らず、寺への寄進もままならない状態となり（「講組ゟ残銭寄附等も出来不申」）、さらには講の衰退・中絶にもつながった（「古キ講組等数々及退転」）と非難している。

第32条の主旨は、童子講・尼講の費用の倹約であるが、「修講後、残銭を以寺方破損修造之助成とも相成候」という文言から、当時、尼講の費用の残金を寄進して、寺院の修復費用に充てることが慣習的に行われていたことが判明する。したがって、尼講の衰退は寺への寄進の減少につながる恐れがあった。

第33条は法事に参加する場合の衣服の規制（「常着之侭ニ而参詣出席致」）、第35条は「斎献立」を質素なものとし、童尼講や法事・報恩講は倹約して執行するようにと、法儀の永続のために諸事倹約が励行されている。なお、年未詳「村定改正本文之通申聞度乍恐御窺申上候」[26]の第9条・第10条・第12条は、それぞれ「史料2」の第32条・第33条・第35条と対応している。［史料2］に比べて、講の夜食や御斎の献立がより具体的に書き上げられており、童尼講の斎献立は、「一汁壱斎にして麁菜たるへし、平ノ大こん・小揚・とうふ、汁ハ白とうふ・た丶きな・坪子いも・にんじん・こんにやく、右之外取扱致間敷候」と定められている（第12条）。

摂津国生江常宣寺所蔵史料を分析した左右田昌幸は、常宣寺の尼講や若講が講寄合の積み金を活用して蓮如三百五十回忌を執行した事例から、寺の維持に女性門徒と若者組が重要な位置を占めていた可能性を指摘している。[27]「村定」の尼講に関する規定から、岡島村の場合も、寺院を維持・運営していくために尼講が一定の役割を果たしていたと考えられる。

（2）寺院と頼母子

ところで、「村定」の第36条から第44条は村方の頼母子に関する規定で、第37条では寺院に関わる頼母子の興行について規定されている。

頼母子は中世以来行われてきた金融方式で、加入者が講を結成し、定期的に開かれる会合でそれぞれ懸銭を出し合い、抽選等によって加入者の一人に配当される。加入者全員が配当を受け取ると一応終了するが、講組織が永続化し、講有田などの財産を持つこともあった。近世に入ると、頼母子の利用度はさらに増加し、村落などの集団の相互扶助だけでなく、種々の事業資金の調達手段としても利用されるようになり、寺社が財政の維持や参拝費用調達を目的として主宰する頼母子もあった。

那賀郡では明治一四〜一五年ごろまで入札式の頼母子が多く行われていた。入札式の頼母子とは、最初に懸銭の額と口数を決め、集めた懸銭を入札によって一人の講員に与える方式である。救済を目的とする頼母子の場合は、初会の分は被救済者の所得となった。二会以降は懸銭の総額が落札者に与えられ、満会になるまで同じ方法が繰り返された。一度落札すると次会以降は入札する権利を失った。講員には初会に決定した額の懸銭を弁済する義務があり、複数の頼母子に加入し、懸銭の支払いに苦労することは珍しいことではなかったようである[28]。

本章の本来の目的とは異なるが、尼講の位置づけを考えるためにも、岡島村の村掟に見える頼母子による寺院の維持・運営費用の調達方法について確認しておきたい。

［史料3］

〔第36条〕

一村方頼母子之儀、近年猥ニ相成、面々思々ニ興行致、不届之事ニ候、就夫此度被為仰出之御趣意之品も在之、自今村役人元江届もなく頼もし興行仕間敷候、若無断興行致候者有之候ハヽ、帳面取上御達申上、曲事ニ可申付事

〔第37条〕

一村方寺頼母子之儀者、寺修覆諸入用ニ興行致候事ニ候へ者、向後善行寺ニ四五会、西教寺三四会、講場壱弐会、国分浄願寺并中村照福寺門徒等、無拠品ニ候節ハ、一会宛ハ興行致遣シ而も可然歟、いづれ共自門徒切ニ而興行致、他門徒入組ハ不致筈、且又旧家沽却ニも可及難渋之筋ハ、村役人共評定之上御窺申上、御差図請可申筈、徒暮之者沽却之筋ハ、願出候而も不及取扱候事

〔第38条〕

一頼母子壱会之人数六、七拾人ト相究メ置、多人数加集不致筈

〔第39条〕

一近年村方頼母子加入之者共、心得振悪敷、自身銭儲之程も不考、頼母子へ多入加取請候後、懸戻銭不埒ニ致不戻懸、終ニ者講元并生懸置、要用ニも可立存候加入之者等、及迷惑ニ候事ニ候、自今頼母子江入加り候もの共、自分銭儲之程を能々勘弁之上、見分相応ニ頼母子加入可致事

〔第40条〕

一頼母子世話人共、加集之人別・人気・身上柄・銭儲等之程を能々改弁致、頼母子人数ニ相加可申儀肝

要之事

〔第41条〕

一頼母子世話人ハ満会之節取請可申、初会間もなく取請、跡々世話等も行届いたし不申儀、甚不実意之事ニ候間、自今興行之頼母子世話方ハ箱組ニ致、加入方村損銀無之様取計可申事

〔第42条〕

一向後興行之頼母子取請候者請人之儀者、本人懸戻シ不埒之節ハ、相弁懸戻シ可申筈、只名目而已之請判致間敷事

〔第43条〕

一頼母子之品ニより、家質之筋ハ村役人へ申出、役人しらべ之上役判可有之筈ニ候間、其段相心得可申事

〔第44条〕

一他村之頼母子当村之者入加り候分、当村ニ而懸銭集会致候儀、右ハ全ク名目を立候致方と相聞へ、不届ニ候、併実意世話致候儀ニ而も紛敷候間、訖度不相成候事

第36条では、村役人に届出なく無断で頼母子を興行することの禁止、第38条は、頼母子に加入する人数の制限、第39条は、分不相応な額の頼母子に加入してはならないこと、それに関連して、第40条では頼母子の世話人は加入者の身上等を十分に把握しておくように規定している。第41条は、世話人が自らの利益を追求し、加入者の損失を招くことを戒めている。第42条から第44条は、懸銭の不払いなど、頼母子を興行するう

えで発生するさまざまなトラブルに関わる規定であると考えられる[29]。

第37条は、寺の修復費用のために興行する頼母子に関する規定である。この箇条から、岡島村の善行寺、西教寺、講場の頼母子に、那賀郡東国分村の浄願寺、名草郡上野村の照福寺の門徒が加入していたことがわかる。「向後善行寺ニ四五会、西教寺ニ二四会、講場壱弐会」の「会」は、第38条や前述した那賀郡の頼母子の事例から推測すると、各寺で行われていた頼母子で懸銭が集められた（入札が行われた）回数を示しているのではないだろうか。そうであるならば、「会」の数と頼母子の規模は比例していると考えられる。

第44条は、岡島村の住人が他村の頼母子に加入した場合の規定である。ただし、寺頼母子の場合は、第37条に「いづれ共自門徒切ニ而興行致、他門徒入組ハ不致筈」とあることから、実際には自門徒以外の人物が頼母子に参加することがあったとしても、他寺院の門徒の寺頼母子への加入は、あまり望ましいことではなかったようである。

寺院を維持・運営するための諸経費を獲得するための手段として、門徒からの寄進や尼講などによる積み立てと並んで、頼母子に代表される金融活動が真宗寺院でも盛んに行われていたと考えられる。

3　本山・中本山と尼講

（1）西本願寺最勝講

1節・2節では、旦那寺の維持・運営と女性、尼講の関わりについて考察したが、本3節では本山や中本山単位で結成された尼講について検討する。

文政九年（一八二六）に第二〇世宗主・広如が継職したころの西本願寺は、三業惑乱後の混乱と巨額の負債に直面していた。抜本的な財政改革のため石田敬起が起用され、天保元年（一八三〇）から教団全体を挙げて改革に着手することになった。この時、女性門徒に改革への協力を促すため、西本願寺がすべての女性門徒をはじめて統一的に組織することを意図して結成させた組織が最勝講である。[30]

天保三年（一八三二）六月、石田敬起を最勝講の講元御世話方とし、最勝講の普及を図った。八月には最勝講掛が任命され、九月に諸国最勝講宛に広如の消息が発布された。[31]

広如の諸国最勝講宛消息は、「抑、この最勝講ハ何のためそといふに、一切の女人弥陀の本願を信して、往生極楽の素懐をとくへき為なり」という文言から始まり、五障三従（ごしょうさんしょう）という、女性の罪障を強調することで、女性の救済（女人往生）を説いている。「五障」は、女性は五つの優れた存在（『法華経』提婆達多品では、梵天・帝釈天・魔王・転輪成王・仏）になることができないという説のことで、「三従」は、女性は生家では父に従い、嫁しては夫に従い、夫の死後は子に従うという儒教にもとづく教えである。[32]「五障」と「三従」は、時代によって受容のあり方に違いはあるが、どちらも女性の罪障や劣性を強調する差別的な思想である。

最勝講に加入した女性には、「真実閣」（本願寺宗主の御内仏）への拝礼が特別に許可され、拝礼日には多数の女性が訪れたという[33]。

真宗の講の組織は、普通、一般講員（講中・講衆）と、講員の中から選ばれた講役員（年寄・年番・行司・肝煎・惣代・講頭・世話方など）から成り立っており、尼講の組織も同じ形態がとられていた。[34]講の集まりでは講仏を拝み、門主の消息を拝読した。各地の最勝講には、六字名号のほか、六字名号に女人成仏の和讃を書き添えたものが下付された。[35]

表2　各地尼講宛て本照寺住職消息

	発給者※1	宛　先	内　容	※2
(a)　寛政 9（1797）4月	闡幽（法広）	富山尼講	喫茶所の建立・本堂再建用材木寄附への謝意	26
(b)　文政 11（1828）仲夏	摂喜（本歓）	当山尼講中	(a)の演達と法義相続	30
(c)　天保 10（1839）初春	同	富山尼女性講中	入講勧奨	35
(d)　同　仲春	同	諸国尼女性講	入講勧奨	36
(e)　同　首夏中旬	同	摂津・播磨・丹後・但馬・丹波国坊主・門徒・女性講中	入講勧奨	37
(f)　同　仲夏	同	讃岐国邑々坊主・門徒・女性講	入講勧奨	38
(g)　同　孟夏	同	紀州・河州・和州・泉州邑々并坊主・門徒・与力・女性講	入講勧奨	39
(h)　弘化 3（1846）初春	同	紀州広瀬邑講場門徒・尼女房仲	報謝称名怠慢あるべからず	41
(i)　明治 10（1877）9月	広聴（沢依）	女姓講	法義相続を希うこと	50

※1　（　）内は法名。
※2　日野照正『摂津国真宗開展史』所収「本照寺歴代住職御書集」の史料番号。

（2）富田本照寺の尼講

江戸時代の紀伊国では、有田郡以北の皮田村の寺院は、ほぼ摂津国富田本照寺の末寺の真宗寺院であった。(36) 本照寺の歴代住職が末寺の門徒や講に宛てて発給した文書のうち、第一五代住職闡幽、第一六代摂喜、第一七代広聴が各地の尼講宛てに発給した文書を一覧にしたものが［表2］である。(37)

(a)は、富山尼講（富山は本照寺の山号・富寿栄山の略）が、参拝者のために御茶所を建立し、さらに本堂再建用の材木を寄付したことを喜び、闡幽が書き与えたもので、(a)と前後して、堂宇の再建のための募財を勧める文書が各地の門徒宛てに発給されている。

(c)〜(g)は、尼講への入講を勧める摂喜の書状で、富山尼講と各地の尼講に発給された。(g)の紀伊・河内・大和・和泉国の坊主・門徒・与力・尼講宛の文書が［史料4］である。

［史料4］

抑当院の門下に連りて、ちなミある女性の方々へ、法義相続の助縁にもなりかしと、今般尼女性の講名を取結ハ、何の為そというに、最勝講の御示にも、一切女人の弥陀の本願を信して、往生極楽の素懐をとくへき為なりと、のたまへり、且其国々の面々、龍谷の御流を汲、因縁ありて往古より当山の門流に連り、世々崇敬の思ひ絶さる事、宿縁不浅処とありかたき事ニ候、しかりといへとも、山海数千をへたてたれは、化益の程思ふに不任、心もとなく思ひ候、よつて今たひ使僧を差向一筆申示候、され人命ハ電光朝露のあたなる憂身、時ハ末世濁乱、機は五逆十悪・五障三従のいたつらもの、六趣四生ならては生を受くへき所なく、何国にかたちをうけても、聞へきはたゝ愛欲の声計なり、かゝる夢まほろしの浮世に心をとゝむへけんや、殊に女人の身ハいつゝ、三つ従障、兼て聞えらる如く、十方の諸仏の浄土には、門戸をとちて永不成仏と嫌れ、女人非器と捨てられたり、如何成船師に逢て歎苦海を渡るへきや、爰に難値弥陀超世の本誓に、奉値遇なから、浮生の五欲に貪し、夢幻の愛情にまとハれ、人命一生のうち、光陰の移易こと奔箭の如く、流るゝ水のことし、姿の衰へゆくこと霜葉の如く、朝菜のことし、年を送り年を迎、月を越月を渉り、夜をもつて日に続て、浮雲の世事を営み、その待所たゝ老と死とにあり、其楽所たゝ業と悪とにあり、いつくむそ無常を観せすして、徒に放逸をことゝせむや、時は難得してうしなひ易し、一たひ人身をうしなひぬれハ、万劫にもかへらす、時人を不待、月我と不延、命根の危事須臾にあり、まのあたり言葉を交へし芝蘭の友も、息とまりぬれは遠く送り、まさしく契をかはせし比翼のかたらひも、魂されハ孤りかなしむ、無常迁流のことハりとはしりなから、親ハ子に後れて悲ミ、夫は妻を先立て愁ふ、到所余楽なし、唯愁歎の声のミ、南隣にも哭し北里にも哭す、あはれかなしきハ無常の理り、恐るへきは生死の顛倒、よろこふへきハ他力無蓋の慈悲、超発希有の弘誓なり、その弘誓ハ六八なりといへとも、第十八願に十方衆生若不生者と誓ひ給ひて、凡聖逆謗斉く廻入せしめ玉ふ上に、女人はなお疑ひの心ふかきによりて、重て三十五の願に、十方世界にそれ女人ありて、我名字を聞て、歓喜信楽して菩提心を発し、女身を厭悪せん、命終りて後また女像とならは、正覚とらしと誓ひ給へり、此心を聖人ハ和讃に、弥陀の大悲ふかけれハ、仏智の不思議をあらハして、変成男子の願を立、女人成仏ちかひたり、又、弥陀の名願によらされハ、百千万劫すくれとも、いつゝのさはりはなれねは、いかてか女身を転すへき、と讃し給へり、三世諸仏の方便にも漏、必堕無間としるして、無数劫にも女質を転しかたく、無量世にも成仏の縁なく、無数已来女身をうけて、一切心にまかせさるものを、あミた仏のミ女人を得生の目当としてすくひ玉ふなり、此弘誓の本願に値遇し奉る事ハ、無量劫にも難得幸、たれかよろこはさるへけむや、此本願信受する事、更に何之造作もいらす、非本願たるもろ〳〵の雑行雑修の心を捨離、一心一向に我等か今度の一大事の後生御助候へと、阿弥陀仏をたのミ奉るはかりなり、此たのむ心の露塵ほとも疑ひなけれハ、捨命のいふへ変成男子の誓願にたかはす、必定極楽へ参りて究竟の妙果を得て、受楽常無間のたのしみを心にうけ、且ハ三十二相を身にそなへ、寔にめてたき百福荘厳の美敷仏とは成たまふ、その嬉しさありかたさを思ひつゝけて、南無阿ミた仏〳〵と雨山に蒙りたてまつる広大の仏恩の奉報はかりニ候、その国の老若之尼女性勇ましく講加入して、より〳〵会合を企て、相互に信心の有無をたゝし、心底を憚らす法義談合せられ、果縛の穢身ある間ハ、仏恩報謝の称名に懈怠あるへからさるものなり、あなかしこ〳〵

天保十亥年　　富山本照寺務

孟夏　　釈本歓（花押）

紀州

河州
和州
泉州
　邑々并
　　坊主中
　　門徒中
　　与力中
　　女性講中

史料の大意は以下の通りである。

本照寺門下の女性門徒に対し、法義相続の助縁にもなるようにと、このたび尼女性講の結成と講への加入を呼びかけることになった。その意図するところは、本山の最勝講の教えにもあるように、阿弥陀如来の本願を信じ、女人往生を遂げんがためである。しかしながら、本照寺から遠く離れて暮らす各地の門徒を仏道に導くことも思うに任せず、もどかしく思っているので、使僧を差し向けてこの書状の内容を伝えるものである。老若の女性は進んで講に加入し、折々に会合を開いて、お互いに信心を確認しあい、また心底から遠慮せずに仏の教えについて語り合い、仏恩報謝の称名を怠らないように。

［史料4］の内容は、広如が各地の最勝講に宛てた消息と一致している。中本山の本照寺が本山の最勝講にならって、門下の全女性門徒に対して尼講への加入を促したのであろう。

なお、紀伊国では天保一〇年以降に最勝講が結成されたが[38]、本山の最勝講に皮田村の女性門徒が加入できたことを示す史料は見つかっていない。

摂喜が紀伊国の門徒に宛てた文書は、［史料4］のほか、天保一三年（一八四二）仲春の紀伊国灯明講宛ての大悲洪恩不有可忘失御書と、弘化三年（一八四六）初春の紀州広瀬邑講場門徒・尼女房中宛ての報恩称名怠慢不可有御書がある[39]。

紀伊国内の本照寺末寺の性格から、「紀伊国灯明講」も「広瀬邑講場」も、皮田村に関係する講と講場であると推測される。同様に、［史料4］も、紀伊国の皮田村の女性門徒に対し、本照寺の尼講への加入を勧めたものと考えられる。

本章では、本照寺の尼講に関連する末寺側の史料を提示することができなかったが、尼講を含め、今後、講と皮田寺・門徒の関係を示す史料の調査が必要であろう。

最勝講や本照寺の尼講が結成されたことによって、女性門徒としての連帯感はいっそう強まったと考えられる。しかしそれは、「女人往生」を利用することによる、女性差別の再生産と表裏一体であったとは言えないだろうか[40]。

おわりに

以上、真宗寺院の設立や維持・運営を経済的な側面から女性個人や尼講が支えていた事例を紹介した。このことは、寺院を経済的に支えうるような女性の労働や資産所有の状況があったことを示唆しており、宗教への関わり方を通して、被差別身分の女性も含め、女性の労働や経済活動を明らかにするための手掛かりが得られるのではないかと筆者は考えている。

江戸時代末になると、旦那寺だけではなく、最勝講や本照寺尼講を通して本山（中本山）の財政を支えることが女性門徒に期待されるようになっていた。しかし、女人往生を説いて尼講への加入を促すことは、女性の罪業を強調し、女性への差別を再生産することでもあった。また、かわた身分の女性門徒の場合は、制度上本山の最勝講には加入できなかった可能性が高い。

また、本章では、被差別身分の女性の信仰のあり方や、女性としての罪業を強調されながらも、仏教に救済を求めた（求めざるを得なかった）背景にまで踏み込んで考察することはできなかった。宗教と差別の問題を考えるうえで、組織や制度の解明とともに、信仰の実態の解明も重要であると考えている。

三　部落女性のくらし——和歌山の部落史の史料から

はじめに

鈴木裕子は、地域部落史研究における「女性」視点の重要性と、地域女性史における「部落差別・部落解放」の視点を根づかせることの必要性を強調している[1]。戦前の和歌山県内における部落女性についても、十分に史料や証言が掘り起こされているとはいえない。本章では、部落女性に注目しながら、『和歌山の部落史』編纂事業で収集・整理された史料や既刊の部落史関係資料集などをもとに、「和歌山の部落女性史」を素描したい。

1　労働と差別

一九二七年（昭和二）九月一〇日付の『大阪朝日新聞・紀伊版』に掲載された「町の誇り村の逸話（8）」という記事には、昭和の初めごろまで高野山周辺で見られた「腰押し」という仕事について書かれている。[2]

記事によれば、「腰押し」の仕事は高野山のふもとの被差別部落の女性たちが始めたという。一九一五年（大正四）に伊都郡の高野山金剛峯寺で開山千百年の記念法会が行われた際、全国から参詣者が押し寄せたが、当時はまだ登山自動車やケーブルカーが整備されておらず、参詣者は登山口の椎出から女人堂まで約一二キロの山道を歩いて登らなければならなかった。そのため、足腰の弱い高齢者や女性が山道を登るときに後ろから押し上げたり、荷物を代わりに運んだりする「腰押し」の仕事が成り立つようになったのである。

「腰押し」の賃金の相場は一回につき八〇銭であったが、遊覧期の四～五月と避暑期の七～八月がかきいれ時で、参詣客の多い時期には一か月あたり五〇円から六〇円の収入となり、「女としてはべら棒な収入である」と評されている。ところが紀北の那賀・伊都郡に製糸工場などが増加すると、山道での「腰押し」の仕事は同程度の収入が得られる工場労働に取って代わられるようになったという。

宮﨑恭子・髙嶋洋子編『部落女性のくらし――女性解放への道』によると、戦前から戦後にかけて和歌山市など紀北地域から大阪・泉南地方の紡績工場でへ働きに出ていた女性が多かった。和歌山市や周辺の紡績工場でも大正一〇年代から多くの女性が働いていたが、近隣の被差別部落の女性たちはほとんど雇われていなかったという。[3]

部落の女性たちは実によく働きます。おまささんは九歳の時から子守をしたといいましたが、正代さんも、一〇歳になるかならないかで、稼ぎ手として一家を支えていました。「貴志川町で飯炊奉公、八

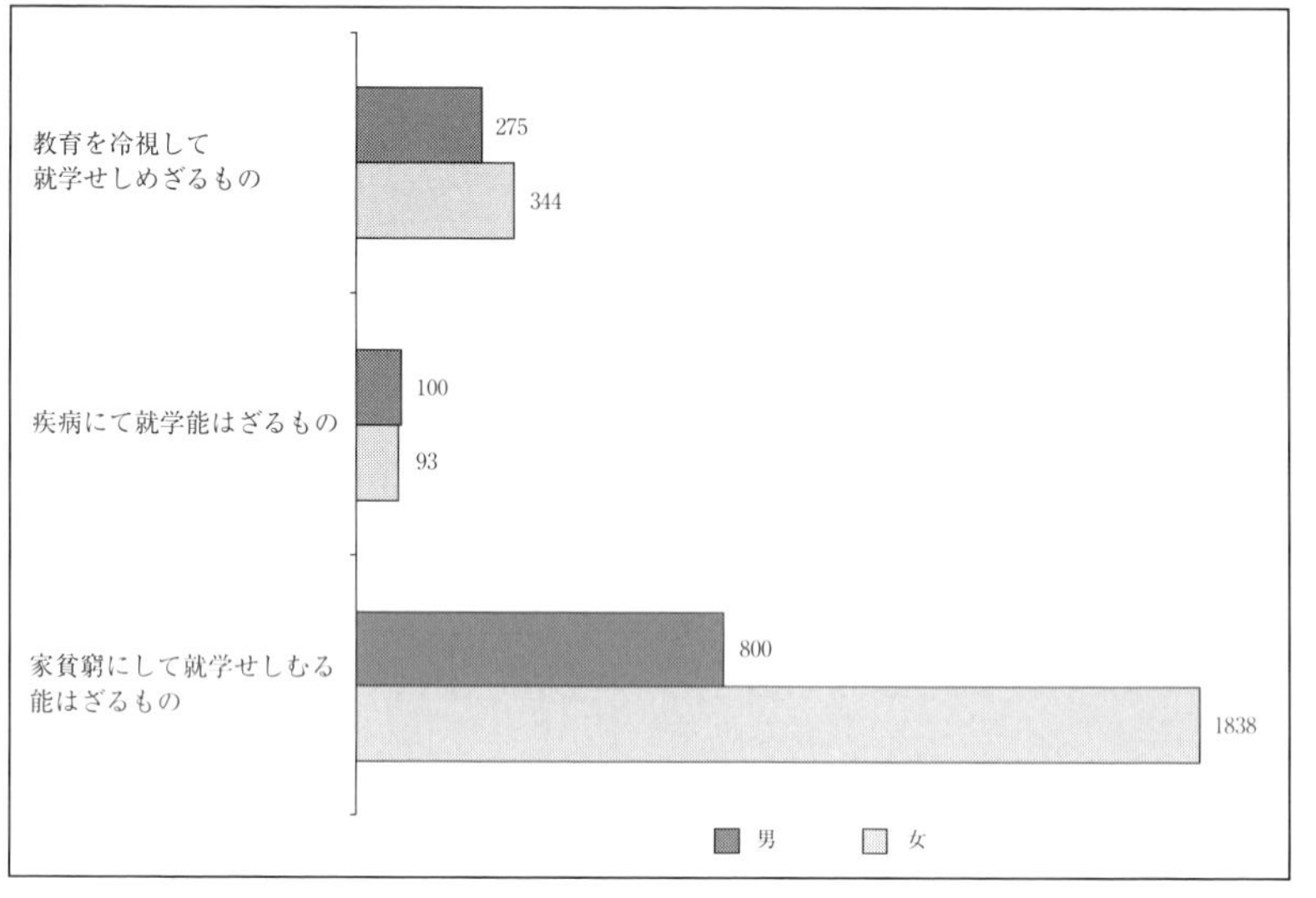

図１　男女別不就学の原因（『和歌山県新平民現勢調査』をもとに作成）

歳ぐらいやったなぁ。帰りたい帰りたいって、西の方向いて、よう泣いたわ。それから靴下工場、（中略）和泉砂川にある紡績工場へは一番長く、一二歳から二〇歳で結婚するまで八年間いった。とにかく仕事がないものやから誰かが一つを見つけてくると、われもわれもと、同じような年格好の子ぉいっぱいいった。東和歌山駅（ＪＲ和歌山駅）まで歩いていくんやけど、行列になるくらいやった。」（『部落女性のくらし』199頁）

文中の「おまささん」は一九二〇年（大正九）生まれで、学校に通わず九歳で子守として働きはじめ、一一～一二歳のころには住み込みで大阪の呉服屋で働くようになったという。被差別部落の女性の紡績工場における労働の実態を研究した金子マーティンの研究によると、大正期に泉州地域の岸和田紡績では伊都郡・那賀郡などの部落出身の女性が寄宿工として働いていたという(4)。

一九〇一年（明治三四）に融和運動家の岡本弥（わたる）の提案で県警察本部が被差別部落の生活状況や産業などに関する実態調査を行った。その調査結果（「和歌山県新平民現勢調査」）によると、学齢期の子どもの不就学の割合は女子の方が圧倒的に高い。[5] 男女別の不就学の原因も調査されており、「教育を冷視して就学せしめざるもの」は女子のほうがやや高く、「疾病にて就学する能はざるもの」についてはそれほど男女差は見られない。ところが、「家貧窮にして就学せしむるあたはざる者」については女子のほうが倍以上多くなっており、女子の場合は男子よりも家庭の経済状況に就学・不就学が左右されやすかったと考えられる（図1）。「正代さん」は、差別から身を守るために雇い先ではけっして出身地は明かさなかったという。「おまささん」は「おまささん」の子どもの世代にあたるが、母親たちの被差別体験を見聞きしたことで、部落出身であることは「必死で隠さなければならないこと」だと学んだという。一九三八年（昭和一三）ごろに一三歳で和歌山市内の紡績工場に採用された女性は、工場で差別を受けても気にしないふりをして一生懸命仕事に励んだと当時の体験を語っている。[6]

工場で働いていた部落の女性が直接差別された事件ではないが、和歌山県水平社創立以前の一九二三年（大正一二）一月に那賀郡の製糸会社で女工による差別発言事件が発生している。

［史料1］『紀伊毎日新聞』一九二三年一月一四日

穢多と称して　一月早々紛擾？

大正聖代に尚往昔の名称を用ひて同胞民の感情を悪くし紛議を醸す非常識者あるを嘆ずるものである。

那賀郡名手町そば春飲食店にて去る一月元旦の事、同町那賀製糸会社の某女工が『穢多』云々の言葉を弄した為め恰も居合せ侮辱を感じた狩宿村今田寅吉は差別的言葉の撤回を迫り、同村如月倶楽部内の保田康久、松田啓吉氏に相談し打ち連れ那賀製糸会社当局に交渉すること、となつた。

一、該女工を解雇する事

二、謝罪状を差出すこと

三、狩宿村民も平等に女工を採用すること

の三条件に対し、会社側も諒解し二項を早速容れ三項は二名だけ限定し採用することなり(と脱カ)、尚ほ解雇されたる女工は生計に気の毒なりとの点から狩宿村女工の二名を指導する名義で雇はれ円満に昨十一日解決された由

事件が発生した現場に居合わせた狩宿村の今田寅吉は如月倶楽部の保田康久、松田啓吉とともに会社に抗議し、差別事件を起こした女工の解雇と謝罪状の提出に加え、工場に近い狩宿村からも平等に女工として採用するよう交渉していることから、事件が発生する以前は、製糸工場近隣の被差別部落の女性たちは雇われていなかったと考えてよいだろう。この年の七月には、那賀郡狩宿・西之芝聯合水平社が結成された[7]。御坊町の紡績会社でも女工見廻人による差別発言事件が発生している。

［史料2］『紀伊新報』一九二四年一二月二九日

差別的言辞を弄したとて　水平社員激昂し

廿七八名紡績会社に押し寄す

日高郡御坊町日高紡績会社の女工見廻人同郡松原村大字浜の瀬1□□□□（二三）は、去る二十六日正午頃日高紡績会社の会社に於て差別的言辞を弄したので、東薗の女工が聞いて直ちにこのことを水平社の幹部に告げたので、同幹部等外二十五六名は二十六日の夜会社に押寄せ前記1□□を糾弾せんとしたが、1□□は何処かへ隠れて姿を見せず、ために水平社の人々は益々激昂して、翌二拾七日には百五拾名の女工が同盟休業をなし幹部は会社へ交渉するなど紛糾を重ねて居たが、結局二拾七日夜に至り前記1□□に謝罪状を書かすことになつて解決した。謝罪状は全文片かなで認めたものである。

私儀差別的言辞を出しましまて（ママ）相すみません。今後はそんな事はありませんから御許し下さい。

と記し日高郡水平社及び全国水平社、全国婦人水平社の三ヶ所に宛てたもので、御坊警察署より多数警官出動して警戒するなど一時は大きな騒ぎであつた。（二拾八日午後一時半御坊電話）

（『和歌山の部落史　史料編近現代I』I－五－37）

差別事件が発生した日高紡績会社＝日の出紡織は一九一三年（大正二）の創立で、一九二〇年には従業員のうち六九〇人が女性であった（男性は二〇〇人）。事件発生当時は全女性従業員のうち約二割程度が被差別部落の女性だったと推測されるが、先に見た那賀郡の製糸会社の状況とはかなり状況が異なっている。[8] 御坊町やその周辺では「諸会社職工」として働く被差別部落の人の割合がほかの地域と比べて高かったようで、和歌山県内のどの地域でも部落の人が工場労働者として雇われていなかったというわけではなかった。[9]

工場で働いていた部落の女性たちから事件の報告を受けた水平社の幹部（日高郡水平社の幹部であろう）はただちに現地に駆け付け糾弾を開始した。事件の翌日には女工によるストライキに発展し、翌々日には差別発言をした見廻人が「日高水平社及全国水平社、全国婦人水平社」宛てに謝罪状を書くことで決着している。

この年は婦人水平社が設立二年目を迎えてもっとも活動が高揚した時期にあたり、九月には、埼玉県深谷町の製糸工場でも部落出身の女工が工場内での差別反対闘争を展開している。[10] 女工見廻人の謝罪文の宛て先に日高水平社、全国水平社と並んで「全国婦人水平社」が挙げられているのは、婦人水平社運動の高まりが反映されているのかもしれない。

2 部落女性の主張

刀禰静子は全国水平社創立以前に、部落の外に向けて差別の実態を訴え、差別の撤廃を主張した女性である。一九〇〇年（明治三三）に海草郡岡町村の円光寺の娘として生まれた。父の刀禰信重は当時、部落改善運動家として知られた人物で、静子も一九一九年（大正八）九月創立の岡町村処女会の会長に就任するにあたって、「村人の発達進歩を促すには、まず女子の手によって改善されるだけ改善しよう」という抱負を『和歌山新報』に投稿している。[11]

一九二二年（大正一一）一月一一日付の『中外日報』に掲載された「部落解放運動と寺院育ちの一少女」という記事によると、静子は高等女学校卒業後、一九二一年まで小学校の教師をしていたが、「同族解放の運動漸く喧伝せらるゝに当り寺院に育った自己の責任上平然として是を傍観するに忍びず卒然筆を採って自己が修学中周囲より受けたる圧迫侮辱等を具に告白して或る婦人雑誌に投じた」と紹介されている。

「婦人雑誌に投じた」という静子の文章は、『婦人公論』に掲載された「穢多村の娘に生まれて」（一九二一年七月号）と「お、呪はれたる穢多村よ」（同一二月号）を指している。「お、呪はれたる穢多村よ」は原稿用紙三〇枚ほどの文章で、静子自身が体験し、見聞きした部落差別の実態が記されている。[12]

朝治武は刀禰静子の文章について、「部落女性としての苦悩や内面の葛藤を絞り出すように綴った深刻な内容であったが、その表現形式は一面では美文調の文学的作品ともいうべきものであり、厳しい部落差別を社会や一般女性に訴えるのに大きな役割をはたしたといえる」と評価している。[13] 当時の女性雑誌のなかでも『婦人公論』は、社会問題や女性の権利を前面に出していたが、それでも部落差別のことを訴えるということはかなりのインパクトがあったと考えられる。その後、静子は大阪市内で開催された差別撤廃会に出席し、差別撤廃を訴えて演説したことで世間の注目を集めた。[14] 水平社の創立メンバーのひとりである平野小剣が、『労働週報』という新聞紙上で静子に対して全国水平社創立大会への参加を呼び掛けるということもあったが、[15] 一九二三年（大正一二）以降、静子は部落差別の問題にはかかわらなくなっている。

和歌山県水平社の創立とほぼ同時期に、部落差別を訴える和歌山の女性の手記がまたも雑誌に掲載された。岡本弥の自伝『融和運動の回顧』に「私の娘は婦人の立場から、部落の解放を論じた一文を草し大正十二年主婦の友五月号に収載せしめた」とあり、『主婦之友』一九二三年五月号の「部落の若き婦人の悲しき叫び」という特集で取り上げられた「女学校で排斥された部落民の娘の悲しき告白」がその一文にあたる。[16] 「女学校で排斥された部落民の娘の悲しき告白」（筆者は「山村澤子〈和歌山〉」となっている）は、一九二一年秋に表面化した橋本高等女学校の教員による差別事件の詳細をつづったものである。この文章も社会的な反響が大きかったようで、岡本弥のもとには感激した男性読者から部落女性との結婚を仲介してほしいという依頼の手紙が届いたこともあったという。

その後、彼女はふたたび差別事件を批判する文章を新聞に投書した。投書の内容は不明であるが、一九二五年（大正一四）に端場村周辺で連続して発生した差別事件にかかわるものであったらしい。ところが投書の内容が法律に違反し、新聞は発行停止処分となり、岡本弥も取り調べを受けた[17]。刀禰静子、山村澤子はともに父親が部落改善事業や融和運動の中心人物であり、水平運動には参加しなかったが、全国水平社創立前後に部落差別の撤廃について訴えた女性がいたことは注目に値する。

一九二三年（大正一二）五月一七日、和歌山市の公会堂で和歌山県水平社創立大会が開催された。創立大会当日には和歌山市内で三色の宣伝ビラが撤布されることになっていたようで、『牟婁新報』に掲載された「解放への勇者」と題された宣伝文によると「なつかしい兄弟姉妹よ！『汝自身を知れ』と誰かが云つた」という文章で始まるものであったらしい[18]。

和歌山県内では婦人水平社の結成は確認できないが、弁士として活動していた女性は存在していた。一九二三年（大正一二）六月一日に開催された海草郡楠見村水平社の発会式では、少女弁士として活躍した増田久江が全国代表として、「橋本みどり子」という一二歳の少女が平井水平社少女代表として演説している[19]。増田久江は第二回県水平社大会でも弁士として参加している。一九二五年（大正一四）一月二日に開催された日高水平社の創立大会では、演説大会の弁士として「蘭　橋本ミナエ」「吉田　福井テイ子」という二人の女性の名前が確認できるが[20]、彼女たちがどのような内容の演説を行ったのか具体的にはわかっていない。

3　労農運動と部落女性

和歌山県内の多くの被差別部落は不安定な生活・労働条件の下にあり、大正〜昭和初期にかけて、労農運動や生活闘争が展開された。

伊都郡の被差別部落では高野山への参詣客を相手に人力車夫・駕籠夫の仕事をしていた人も多く、大正期には一五〇〇人が従事していたという。一九一九年（大正八）に高野口―大門間を運行する高野登山自動車株式会社が設立されると、人力車夫・駕籠夫が失業する恐れが出てきた。人力車夫・駕籠夫側は岡本弥を会長として伊都郡労働協会を設立し、自動車台数の制限などを求めて自動車会社側と交渉を重ねていった。[21]

有田郡では、一九二四年（大正一三）一一月に徳川家所有地売却問題にかかわって有田郡御霊村に日本農民組合庄支部が結成されている。日本農民組合（日農）は一九二二年（大正一一）四月に結成された日本初の全国的な農民組合である。支部長は和歌山県出身の水平運動家・栗須七郎の影響を受けて結成された庄直行会の森田正三郎で、県水平社創立大会で綱領・宣言を朗読した岡本鶴繁など庄水平社のメンバーが加入していた。[22] 庄支部以外にも、県内の被差別部落で結成された農民組合の支部をいくつか確認することができるが、奈良県に近い伊都郡の農民運動には水平運動の影響が見られたという。[23]

日農は分裂と再統一を経て、一九二八年（昭和三）五月に全国農民組合（全農）が結成され、和歌山県内でも全農和歌山県聯合会が成立した。執行委員長兼争議部長に米田富が就任し、県内各地で小作争議を指導した。[24] なかでも、一九二九年（昭和四）から一九三五年（昭和一〇）にかけて全国農民組合日高同盟会（委員長は大島岩吉）によって闘われた日高小作争議は、被差別部落の人びとが主体となった小作争議としてよく知られている。日高郡に全農の支部が結成されたのは一九二九年二月で、一二月二八日に全農日高同盟会第一回大会が御坊町老松座で開催された。[25] 日高同盟会を構成する九支部のうち八支部が被差別部落の支部で、組合員の九五％が被差別部落の小作農民であった。日高小作争議に関する当時の資料は、争議の背景には、被差別部落の小作農民に対する地主の「差別観念ノ存在」があると分析している[26]。

一九二九年の争議は、地主が小作地を鉄道・県道の新設用地として売却しようとしたことが発端となったもので、翌年一月に始まった争議では、日高同盟会側は前年の凶作を理由に小作料の減額を要求した[27]。日高同盟会の組合員は、地主の糾弾会やメーデーの行進を敢行し、地主側の小作地への立ち入り禁止措置などには実力行使で対抗したが、警察の介入により逮捕・起訴された組合員も少なくなかった。

第一次日高小作争議は一九三二年に地裁による和解が成立し、日高同盟会側は一九二九〜三一年度分の小作料の軽減を勝ちとることができたが、根本問題であった小作料については改定されなかった[28]。そのため、日高同盟会側は一九三二年度分の小作料の軽減を要求したが地主側は受け入れず、小作料未納を理由に一九三三年二月から小作地への大規模な立ち入り禁止を執行したことにより、第二次争議に突入した。四月に立ち入り禁止が執行された志賀村では処分に抵抗する小作人が押し寄せ、執達吏、警官ともみ合いになり、支部員八人に懲役刑の判決が出された[29]。五月五日には立ち入り禁止処分の解除を陳情するために、大島委員長を先頭に組合員一三〇余人が田辺区裁判所まで夜間の飢餓行進を実施し、立ち入り禁止解除まで組合員の児童を同盟休校させた。

婦人水平社の活動がはじまった時期は、戦前における女性運動の発展期でもあった。一九二四年（大正一三）には日本農民組合の婦人部が設置され、各地の小作争議で組合員の女性たちが活躍した。一九三一年（昭和六）五月の日高郡のメーデーには、農民組合員や労働団体の関係者に混じって「妙齢の婦人約九十名」が行進に参加した。七月になると小作争議はますます深刻化し、四日夜に組合員と女性たちが集まって地主による耕作地への立ち入り禁止対策について協議し、「田植をやれば処分される、餓死するよりほかに道がないから寧ろ地主に養つて貰ふより策がないから婦人は子供をつれて地主方へ行くこと」を申し合わせた。翌五日の午前九時、鈴を合図に稲原村の農民組合支部の女性三〇人余りが幼児を背に集合し、地主のもとに押し寄せて「飯をくはせー」「殺すなら一思ひに殺せー」と口々に叫びながらデモを開始した。警官が退出するよう女性たちを説得したが聞き入れられず、現場にかけつけた応援の警官隊ともみあいになり双方に負傷者が出たうえ、女性三人と付き添い人の男性一人が警察に検束された。支部長をはじめ女性など約四〇人が御坊署へ押しかけて検束者の釈放を要求したが聞き入れられずに取り調べが続けられ、六日に帰宅が許可された。

その後、五人が家宅侵入、公務執行妨害、傷害被疑事件として田辺検事局に書類送検され、九月にはそのうちの二人に対して罰金二〇円が命じられている[30]。その間の七月二〇日には検束時に警官から暴行を受けた切山支部の女性六人が、御坊警察署の巡査二人と神田署長を相手取って職権濫用と暴行傷害で和歌山地方裁判所検事局に告訴している[31]。

八月末に藤田村乾繭場で全農日高地区婦人部第一回大会が開かれ、和歌山県内で最初の無産婦人同盟の支部となる無産婦人同盟日高支部が結成された。大会には百余名が集り、財部村の溝口コイトが司会をつとめた。議長には松下カツ、副議長には前井スミが選ばれた。大会には無産婦人同盟本部から委員長の岩内とみえ、大阪支部の吉岡章子、平岡はつえらが出席して演説している[32]。

溝口コイト（一九一二年生まれ）は、日高小作争議中の一九三三年（昭和八）の飢餓行進に参加し、農民小学校の教師をつとめていた。農民小学校とは、同盟休校中の争議団員の子どもを指導するために寺院や青年会場を利用して開設されたものである。溝口コイト、松下カツ、力津キヨエらが教師をつとめたが、やがて指導者が逮捕・追放され閉鎖となった。溝口コイトは農民小学校児童九人の作文をのせた『小さき同志』という雑誌を発行して出版法違反で罰金を命じられている。[33] 松下カツ（一九〇二年生まれ）は無産婦人同盟日高支部の書記長となり、全農総本部婦人対策委員長も務めている。のちに有田郡御霊村の森田正三郎と結婚した。産婆をしていた米田ツル（一九〇七年生まれ）も日高支部員として活躍した。[34]

大会関係資料によると、無産婦人同盟日高支部の綱領は、「一、吾等は無産婦人の組織的斗争を以て無産婦人の政治上、経済上、文化上の自由の獲得を期す」「一、吾等は無産婦人団体の戦線を統一し無産階級の解放を期す」であり、一九三一年度の議案として、①婦人参政権の獲得 ②無産母子扶助法の制定要求 ③失業保険の制定と入営兵家族の生活保障 ④無産婦人の産児制限自由獲得 ⑤無料託児所・産院の設置 ⑥公娼制度の撲滅 ⑦同一労働に対する性的差別の撤廃、などが挙げられており、これらは当時の女性運動全体にとって共通する問題でもあった。[35] 支部結成の翌年には、支部員の馬栄静宛てに海草郡の全農山口西支部の中澤千太郎から、無産婦人同盟日高支部の設置を好意的に評価し、婦人部や青年部を設置するにあたってのアドバイスを求める書簡が送られている。[36]

その後、全農和歌山県聯合会は全労組との共同闘争委員会の設立を決議するなどして日高小作争議を発展させようとしたが、全農県聯合会の弱体化や戦時体制下に移行しつつあったことに加え、相次ぐ立ち入り禁止と弾圧により争議は難航した。一九三四年四月に結成された皇国農民同盟傘下の日高地区協議会に日高同盟会の組合員が一斉に加入したことにより調停が成立、一九三五年には再調停が成立し、日高小作争議は終結した。[37]

一九三〇年（昭和五）五月、製造業者が不況を理由に工場従業員の賃下げを求めたことがきっかけで田辺貝ボタン争議が始まる。争議団の主力となったのは貝ボタン製造に従事していた部落の人びとだった。

明治末から田辺地方で盛んになった貝ボタン産業は、製造の過程において田辺町の被差別部落の人びと（とくに女性）によって支えられる部分が大きかった。貝ボタン産業は田辺の被差別部落の重要な産業であり、ボタン工場の女工として働いたり、ボタンの選別やボタン付けの内職に従事する女性が多かった。

この年の第一次田辺貝ボタン争議は労働者側の大きな勝利で解決し、七月には田辺貝釦工組合が結成された。

翌一九三一年五月一日に田辺町で初めてメーデーが挙行されたあと、田辺貝釦工組合は製造業者に対し「馘首、賃銀値下、休業絶対反対」など四項目の要求書を提出したが、業者側が拒否したので七日からストライキに突入した（第二次田辺貝ボタン争議）。休業反対演説会での演説やストライキ・デモには女性も参加しており、行商隊を組織して日用品や魚などを販売して闘争資金の獲得に奔走した[38]。

第二次貝ボタン争議は深刻化し、五月一三日に湊青年会館で開催された工場主弾劾大演説会終了後、争議団員と応援の浜仲仕組合青年部による示威行動が暴徒化し、翌日には争議団首脳部を含む三十数人の組合員が検挙された[39]。その後、一七日に県警察部により和解が勧告され、翌日には「一、馘首、賃銀引下げ、休業は当分これを行はざること、二、取調事件関係者に対しては出来得る限り仕事を与へること、三、その他の要求条項は追つてこれを考慮すること」という解決条件を争議団が承認したことで、第二次貝ボタン争議は終結した[40]。

4　融和運動と女性

一九一八年（大正七）八月の米騒動後、帝国公道会の同情融和路線が批判され、各地で自主的融和団体（岡山県協和会、信濃同仁会、広島県共鳴会など）が設立されるようになった。一九二一年五月には有馬頼寧を会長とする同愛会が結成された。水平運動を支持し、提携を求めようとする同愛会の方針は各地の融和団体に浸透し、一九二五年には全国融和連盟が結成された。一方、内務省は一九二一年に中央社会事業協会に地方改善部を設置し、各府県に融和団体を設立して水平運動に対抗しようとした。和歌山県では、一九二〇年に新設された社会課の担当者が中心となって社会事業や民力涵養問題について議論するなかで、部落改善に関する件が議題となっており、全国水平社設立前後から県が主導する官民合同の融和団体設立の必要性が説かれるようになっていた。一九二四年三月一六日に県会議事堂で和歌山県同和会の第一回総会が開催された[41]。

融和運動を進めるために、同和会は早い段階から女性を重視する姿勢を取っていたとされる。会誌『同和』には創刊号から婦人欄が設けられており、第一八号「女性と融和運動号」は県内の全婦人会や女学校などに一万枚が配布された。同号の冒頭では、「婦人問題は男子専制の弊よりして来る人格差別を中心とし、融和問題は錯誤より出発せる人格拒否を中心にしてゐる点に於て、最も第一義的共通点を持つ」と主張されている[42]。

全国的に女性に対する融和運動が展開されるようになるのは昭和恐慌下の一九三一年（昭和六）のことで、この年の六月に中央融和事業協会の主導で第一回婦人融和事業指導者講習会が開催された。講習会の受講生が全国婦人融和連盟を結成し、各地の融和団体に「婦人部」を設置していったが、同和会はそれよりも早い一九二七年の時点で、青年と女性を積極的に融和運動に取り込もうと、真生同朋団と光の朋団を設置していた。

女性に対する融和運動が必要とされたのは、「女性は差別観念が強い → 女性は家庭で子供を教育する → 故に女性に対して融和運動が必要である」という論理によるとされる[43]。真生同朋団と光の朋団の基本的なあり方は変わらなかったが、女性の生命の本質は「母性愛」にあるとして、光の朋団の信条には、きわめて母性を尊重する傾向が見られる。藤範晃誠は「差別感染の経路とその対策」という論文で、児童が差別観念に「感染」する場所は家庭がもっとも多く、家庭内の女性、とりわけ母親から差別について教えられることが多いという調査結果を示している。そのうえで、差別観念を除去するためには「家庭に注意を払はなければならぬこと、特に女性への運動が重要である」として、婦人融和運動の徹底を強調している[44]。同和会は、女性会員を対象とした融和問題講演でも、藤範が「社会の欠陥と婦人の使命」と題した講演を行い、差別除去について女性の力の大きさを力説している[45]。

光の朋団の活動は、㈠毎月例会を開催する、㈡共同作業により実際的な愛の団結を固める、㈢「光の朋の歌」をさかんに歌うこと、㈣パンフレット「光の朋運動」を研究、㈤「団の日記」を備えること、㈥団の消息を本会へ通知すること、㈦会誌『同和』を充分利用すること、であった[46]。会誌『同和』には「光の朋通信」欄があり、団員の消息や詩・短歌が掲載され、会員相互の交流場となった。光の朋団の幹部に対しては、国民融和日に外部に講師・指導者を求めず、自分たちだけで話し合いができるよう「光の朋講話資料」が提供され、団員による自発的な活動が期待されていた[47]。ただし、通信欄の投稿を見る限り、部落差別の実態を訴えるようなものは少なく、精神的・観念的なものにとどまっている。

青年・女性の組織化に一定の成果をあげた同和会は、さらに若い世代＝児童を対象とした融和運動に取り組みはじめる。融和教育の普及と並行して児童の組織化がすすめられ、一九三五年には同朋少年少女団の結成に着したが、戦時色が濃厚になっていた時期でもあり、全県的な広がりは持たなかったとされる[48]。講演・講習会以外の光の朋団の活動としては、一部の地域に限定されていたものの農繁期託児所の運営が注目される。

年間の出産一〇〇〇当たりの生後一年未満の死亡数を示す乳児死亡率は、一九一〇年代の後半には一八〇台にまで上昇しており（二〇一五年は一・九）、乳児死亡率を下げるために妊産婦や乳幼児保護の必要性が主張されていた。具体的な対策としては出産費用の給付をはじめ、委託・巡回産婆、妊産婦の健康相談、無料産院などの制度が全国各地で導入されていった。

一九二二年（大正一一）六月、伊都郡の岸上村で妊産婦保護のために公設産婆が設置された[49]。この制度は和歌山県内でもこの時に初めて導入されたもので、経済状態にかかわらず村内の妊婦の往診や助産にかかる費用を無料にするというものであった。岸上村では、産婆（一人）への手当二〇〇円、備品費四二円、消毒その他の薬品費八円、合計二五〇円の支出には村費と県からの補助金が充てられた。岸上村の公設産婆は妊婦の保護や出産の衛生面で新しい方法を導入したこともあって歓迎され、初年度には公設産婆が村内の出産をすべて取り扱ったという[50]。

また、同じ伊都郡の端場村には免許を持つ産婆一人がいたが、「貧弱村」のため出産時に産婆を呼ぶことができない家庭が少なくなかったので、一九二三年に公設産婆が設置され、同時に無料の家事裁縫教授所が小学校に設置された。端場村の場合は公設産婆・裁縫教授所の経費は婦人会が負担することになっており、郡内で最初の試みとして好評を博したという。[51]

一九三〇年代になると紀北の農村部では農繁期託児所が開設・運営されるようになった。農繁期託児所とは、繁忙期に乳幼児を抱え、農作業や養蚕が十分できない農民のために開設された臨時の託児所である。当時、農作業などでおとなが留守の間に、幼児が事故にあったり、ケガをしたりすることが多く、また教育上の懸念からも託児所の必要性が主張されていた。紀北の被差別部落に開設された二か所の託児所は、寺院から建物が提供され、婦人会の幹部が交代で保育にあたっていた。一九三〇年（昭和五）六月に端場村に設置された農繁期託児所は同和会の光の朋団員と村・婦人会が共同で運営していた。託児料は一日につき二銭から三銭で、早朝から夕方まで乳児から六〜七歳までの子どもを預かっていた。預けられていたのは団員の弟妹が多く、交替で五〇人近い子どもたちを世話したという。[52] 端場村の農繁期託児所は藤範晃誠が自身の寺に設置したもので、藤範は同和会設立以前の一九一六年（大正五）から部落の子どものために私費で日曜学校を開設していた。[53]

先に見た無産婦人同盟日高支部の大会議案にもあったように、戦前においても女性が働くうえで出産・育児をめぐる問題は大きな課題であった。戦後の部落解放運動でも母親が働いているあいだ、子どもを預けられるよう託児所の設置が要求されている。

おわりに

本章では地域的・時代的に限定された範囲を対象としたが、部落女性史を研究するうえで、聞き取りや新たな史料を掘り起こし、これまで紹介された史料であっても視点を変えて再検討することで、これまで見過ごされがちであった部落女性の歴史を少しずつであっても明らかにしうるのではないかとの見通しを持っている。

II

近世被差別民の多様な情況

一　高野山と被差別民

はじめに

『和歌山の部落史』全七巻（和歌山の部落史編纂会編集、明石書店発行、２０１０～２０１５年）のうち、『史料編高野山文書』と『史料編前近代１』には、和歌山県伊都（いと）郡高野町に所在する高野山真言宗・総本山金剛峯寺に伝来した膨大な古文書群「高野山文書」[1]のなかから、これまで未翻刻であった中・近世の被差別民関係史料が収録されており、『和歌山の部落史　通史編』（以下、『通史編』）でも高野山寺領における被差別民について取り上げている。本章はそれらの成果をもとに、江戸時代の高野山寺領における被差別民の概要をまとめたものである。

1　近世高野山寺領と「金剛峯寺日並記」

標高約九〇〇メートルの山地に位置する高野山金剛峯寺は、江戸時代には奥之院・壇上伽藍を中心とする境内地（山上）と、紀ノ川以南の紀伊国伊都・那賀両郡の山間部の村々（山下）で構成される寺領約二万一〇〇〇石を領有していた。

明暦元年（一六五五）の時点では、山上には一八八三か寺の寺院があり、僧侶三七八八人が起居していた。僧侶は学侶・行人・聖の三派に分かれ、座主を一山全体の長としていた。山上・山下の実務は、学侶から選ばれた検校が掌握し、門主・碩学・集議（老分）から成る集議衆が検校を補佐した。集議衆は「年預坊」という機関を構成し、寺領の公事訴訟や幕府・諸藩への対応などについて評議した。年預坊には年預の下に三沙汰人と総称された年預代・行事代・惣預が置かれ、実際の事務を担当した。

年預代などの指示を受け、山上・山下のさまざまな用務を現場で処理した僧侶が堂守である。堂守は山上の奥之院断食所・西院谷来迎堂・南谷大師堂・谷上大日堂・一心院谷不動堂・千手院谷千手堂・小田原谷弥勒堂・往生院谷阿弥陀堂・蓮花谷丈六堂の九か所に置かれていた。堂守は庵室留守居、山役人とも呼ばれ、『紀伊続風土記』高野山之部には「摠山鑑護の役を兼しめ、又式日臨時寺庁に詰て山上山下の用務を辨し、日雇・山男・山奴等を使令せしむ」「染衣の身にて非

表1　高野山寺領の支配機構

	学侶領 9500石	行人領 8600石	修理領 3000石
高野山	年預（1） 年預代（1） 支配（2）	支配（3） 地方奉行（2） 蔵奉行（2）	大奉行（学・行各1） 地方奉行（〃） 修理奉行（〃）
村方	村庄屋 垣内惣代	代官 大庄屋 村庄屋 垣内惣代	

・石高は元禄6年（1693）以降の数値である。行人領には奥院領2000石が含まれる。
・（　）内の数字は人数を示す。
・行人領には数か村を一組として大庄屋が置かれていた。

業のものを見分し、不法の輩を追捕する等の事を勤む」とあり、日雇・山男・山奴（山之堂）を指揮して、山林の保護や胡乱者・犯罪者の取り締まりなどにあたっていた。堂守のほか、寺領の村々の警察業務・治安維持のために胡乱方改役が置かれていた。

近世の高野山寺領は、学侶領・行人領・聖方領および学侶・行人が共同管理する修理領に分割され、学侶領と行人領は支配組織が異なっていた（［表1］）。学侶領の村々は寺院ごとの所領（院領）に分割され、村政全般にかかわる村庄屋と、「○○院下庄屋」と呼ばれる、年貢や夫役を徴収する寺庄屋が置かれていた。ひとつの村が複数の所領に分割されている場合が多く、たとえば、学侶領の那賀郡安良見村は一四か寺、杉原村は七か寺の寺院の知行地であった。一方、行人領では特定の村を所領にする形式をとらず、各寺院の寺格に応じて院料を支給していた[2]。

表2　僧侶以外の高野山居住者

職人	仏像・仏具	仏師、仏画師、大経師、経師、珠数屋
	普請	大工、木挽、葺師、左官
	その他	彫刻師、鍛冶、張付師、塗師、飾師、把針者、石匠、料理人
商人		豆腐屋、薬店、呉服屋、米屋、麹屋、油屋、菓子屋、八百屋、古道具屋、小間物屋、荒物屋
宿・飛脚		公事宿、商人宿、飛脚
その他		儒者、医師、道心者、掛屋、質屋、按摩、灸治
寺院に使役された人びと・被差別民		山男、日雇、杣、檜皮剥、山奴（山之堂）、新坊（谷之者）、禿法師

『紀伊続風土記』高野山之部をもとに作成した。

江戸時代には、徳川家一門や諸大名が高野山上の各寺院の檀那となり、各地から多くの人びとが訪れる参詣地としてにぎわった。天保年間（一八三〇～四四）には、参詣者のための土産物や日用品を扱う商人・職人の店が約三三〇軒存在していたという［表2］。なお、高野山は明治五年（一八七二）まで女人禁制の地とされ、山上の居住者に女性は含まれていない。女性の参詣者は、山内への入り口に設けられた女人堂に宿泊することになっており、その先に立ち入ることは認められていなかった（『紀伊国名所図会』など）[3]。

ところで、「高野山文書」のなかには、歴代の年預代が後年の参考とする目的で書き継いだ「日並記」という表題を持つ記録が含まれている（以下、「金剛峯寺日並記」）。享保一〇年（一七二五）五月末から慶応三年（一八六七）五月末に至るまで、ほぼ毎日、年預坊における評議の内容や、寺領で発生したさまざまなできごと、紀伊国内外の末寺や紀州藩・幕府とのやりとりなどが記録されており、高野山に伝来する多くの古文書のなかでも、とりわけ重要な文書として位置づけられてきた。また「金剛峯寺日並記」には、高野山領やその周辺の被差別民に関する記事が多く見られ、紀伊国の被差別民の歴史を明らかにするうえでも貴重な史料である。そのうちの一部は、『和歌山の部落史　史料編前近代1』に収録されている。

2　高野山寺領の被差別民

（1）かわた（皮田）

高野山寺領には、伊都郡と那賀郡に一か所ずつ皮田村[4]が存在した（いずれも枝郷）。天正一九年（一五九一）に高野山寺領で太閤検地が実施された際に作成された「那賀郡調月村検地帳」（『史料編高野山文書』Ⅱ－一－1）と、「伊都郡皮張村・平沼田村検地帳[5]」に「かわた」記載を確認することができる（『通史編』77～79頁）。

「金剛峯寺日並記」には、寺領内の皮田村に関する記述はもちろんであるが、隣接する紀州藩領の皮田村に関する記述も見られる（『史料編前近代1』Ⅲ－二－1～12）。たとえば一八世紀半ばの記事には、高野山寺領の伊都郡慈尊院村の鎮守社（七社明神）の祭礼に紀州藩領の「穢多共」が入り込み、「散銭を拾ひ神前を穢し難儀」しているので、「穢多共乱入仕らず候様」にしてほしいと、神主が再三にわたって金剛峯寺に訴えていたことが見えるが、寺領内の寺社の祭礼と皮田の関係を考えるうえで興味深い（『史料編前近代1』Ⅲ－二－1～6）。

なお、皮田村の住民は、高野山の山上には日常的に出入りしていたようである。山内におけるさまざまな規定を定めた正徳四年（一七一四）一〇月の「山林法度条々」[6]には、「穢多共にわらじ売買の札許すべきの事」という規定が見える。また、高野山に近い場所にある紀州藩領の皮田村の住民は、山上への荷物輸送業に携わっており、山内での普請にもかかわっていたようである（『史料編前近代1』Ⅲ－二－11、『通史編』161頁）。

嘉永七年（一八五四）五月、鉄砲で撃たれた鹿の死体が山中で見つかり、年預代は南谷大師堂の堂守賢順に、山之堂と山男に片づけさせるように命じた。ところが約二か月が経ってから、伊都郡岸上村（紀州藩領）の「穢多要蔵・文之助」が銭四〇〇文でこの死鹿を買い取っていたことが判明した。堂守賢順は「厳敷慎」（のちに出奔）、山之堂・山男は「屹度叱」を受けた。要蔵・文之助も吟味のうえ口書（供述書）を取られた。紀州藩田辺領では、猪皮・鹿皮の生産が盛んであったが、紀北地域での鹿皮の生産・加工と皮田のかかわりを推測させる史料であろう（『史料編前近代1』Ⅲ－二－10）。

（2）谷之者

高野山寺領の被差別民のうち、谷之者に関しては実態の解明がもっとも進んでいる。[7]谷之者は「新坊」とも呼ばれ、奥院の入り口付近の東谷と呼ばれる一画に居住していた三昧聖の集団で、行基菩薩の弟子志阿弥の末裔という由緒を誇っていた。江戸時代初期から組頭（組親）―組下で構成される「谷物中」を構成し、慶長二〇年（一六一五）の時点では総勢三三人であったが、正保三年（一六四六）には五三人に増加している

（『史料編高野山文書』Ⅲ－二－7・8・12、『通史編』103頁）。

谷之者の役務は、①墓穴掘り ②奥之院墓石の維持・管理 ③奥之院骨堂の掃除 ④行き倒れ者の埋葬 ⑤境内地の道路・池などの掃除・普請 ⑥治安維持（寺家・町家の夜番、非人払い、法会の警護など）⑦消火活動 ⑧牢番 ⑨死刑・追放刑など刑罰の執行、に分類することができる。①～④は三昧聖としての職能に基づくものであり、⑤はそこから派生したものであろう。⑥～⑨は谷之者が、後述する山之堂とともに、寺領の治安維持や警察業務の一端を担っていたことを示すものである。④をのぞいて、これらの役務に谷之者が従事した場合には、相応の飯米や賃銀が支給された。

③奥之院骨堂の掃除は二～三年に一度、閏月がある年に行われ、谷之者は骨堂に納められた骨や歯を浚い、破損個所を修理した。骨といっしょに納められた銭（骨銭）は、慣習として谷之者が取得することが認められており、享保一七年（一七三二）の骨堂掃除では、銭六〇貫文余り、銀小玉一二粒が得られたという記録が残っている（『史料編前近代1』Ⅲ－二－46）。

④行き倒れ者の埋葬にかかわって、「金剛峯寺日並記」には、高野山で行き倒れた順礼者や乞食、自死者に関する記事が見える。このような死者が発見された場合、三沙汰人が遺体を検分した後、谷之者が埋葬することになっており、衣類などの遺品は谷之者に預けられた。死者の年齢や衣類などを記した書付が掲示され、もし親族が尋ねてきた場合は遺品を引き渡すことになっていた。親族が現れない場合は、それらは谷之者の得分となったので、行き倒れ者の埋葬にあたって特別に給分が支給されることはなかった（『史料編前近代1』Ⅲ－二－54・70）。

（3）山之堂

山之堂（やまのどう）は、山内への入り口にあった小屋に常駐していた僧体・俗体の人びとのことである。『紀伊続風土記』高野山之部では「山奴」の名称で紹介されており、「此は山上の非人番なり。大門・一心院・千手院・南谷、等の諸所に山奴小屋ありて住居す。山上盗賊、胡乱のものを召捕り、或は山下にても不埒の輩ある時は召捕拷問の役目として山下諸庄の非人番等を手下とす」とある。また、小屋は女人堂のそばに設けられていた。『紀伊続風土記』高野山之部の一心院谷の女人堂についての説明のあとに、「山奴小屋　蓋し投に隣てあり。山奴は山を守る監人なり。蓋し投宿の女人あれは沐浴せしめ煙茶の労を助け、或は胡乱のものを改め此等のこと皆以て山奴の役なり。七口に各ありとも此口（＝一心院口、著者注）は別して諸人往来繁きの故に口々の山奴多くは此口に集り居るなり。或は禿頭の者亦は有髪のもの一準ならす」とあるように、女人堂に宿泊する女性参詣者の世話も行っていた。本来は建物の呼称であったものが、そこに居住する人のことも「山之堂」と呼ぶようになったのであろう。なお、「金剛峯寺日並記」には「山人」という呼称も見える。

安永八年（一七七九）の史料によれば、一心院・轆轤（ろくろ）峠・大門・谷上・五大尊・南谷・千手院谷の七か所に山之堂が配置されており、通行者が多い一心院口・大門口には三人ずつ、その他の場所には二人ずつ配置されていた（『史料編高野山文書』Ⅲ－二－139、『通史編』162頁）。山之堂は堂守の下で、山内の治安維持や刑罰の執行など、村方の非人番と共通する役務を担っており、『紀伊続風土記』の「山上の非人番」という評価は妥当であろう。なお、山之堂は寺領農村の惣廻り・非人番との間に人的なつながりがあったことがと想定されている（『史料編前近代1』Ⅲ－二－42、『通史編』162頁）。僧体で僧名を名乗っていた谷之者とは異なり、山之堂のなかには俗体の場合もあり、小屋に妻子を連れ込んで問題視されることもあった（『史料編前近代1』Ⅲ－二

－34）。

（4）禿法師

禿法師（とくほうし）は、奥之院付近の小庵に居住していた「癩者（らい）」の集団である。前近代社会における「癩者」とは、ハンセン病や重い皮膚疾患を患った人を指し、厳しい差別の対象となっていた。禿法師は、「癩病庵」とも呼ばれていた小庵に籠居し、寺院の供物の余りを施与される代わりに、寺院の厠などの掃除をしながら、朝夕に阿弥陀如来に病気の平癒を祈りながら暮らしていた。また、禿法師は季節にかかわらず、「四角にて頂上をは四辺より畳て綴付た」頭巾をかぶり、ほかの僧侶とは異なる服装をしていたとされる（『史料編前近代2』Ⅲ－二－32、『紀伊続風土記』高野山之部）。日野西眞定によれば、禿法師には一老（﨟）・二老の位階があり、阿弥（あみ）号を名乗り、明和年間（一七六四～七二）ごろに組織化が進んだと考えられている[8]。

元文五年（一七四〇）一二月、「公儀より御尋ねの僧」が山内に密かに紛れ込んでいないか取り調べが行われた。谷之者や山之堂、日雇、「谷病者共（＝禿法師）」も対象とされ、禿法師の一﨟が年預坊に「病者の外は一切差し置き申さず候」と報告している（『史料編前近代1』Ⅲ－二－81）。

また、参詣地である高野山は寺院や参詣者の施与を目当てに多くの非人（野非人）が集まる場所でもあった。定期的（月に三度）あるいは臨時に、山之堂や谷之者に非人払いが命じられていたことから、高野山にとって非人対策が大きな課題であったことがわかる。また、「金剛峯寺日並記」には、行き倒れて動けなくなった「癩病」の非人を谷之者や山男が世話をした記録が見える（『史料編前近代1』Ⅲ－二－82）。「金剛峯寺日並記」には、これらのほかに、座頭（和歌山座頭、当山座頭）や寺領の村々の非人番、三昧聖に関する記述を確認することができる。[9] 谷之者や山之堂以外にも、山男や日雇と呼ばれた人びとが堂守に使役されていたが、そういった人びとの実態の解明は今後の課題であろう。

3 寺領の事件

高野山寺領における刑事政策については、各藩と同様に「自分仕置」（寺領内で発生した事件に対する吟味権・刑罰権の自律的行使）が認められていた。ただし、地理的条件や参詣地としての特殊性などから、ひとつの事件の捜査が他領にまたがることも多く、「掛合」「往復」と呼ばれる書面による交渉が頻繁に行われたという特徴がある。[10] ここでは、具体的な事件の記録から、谷之者や山之堂の役割についてその実例を紹介したい。

（1）細川村旅人殺害一件

事件の発覚と犯人の捜索

安永八年（一七七九）三月下旬、高野山麓の伊都郡細川村で、豊後国臼杵領望月村出身の八之助という旅人が殺害される事件が発生した（『史料編高野山文書』Ⅱ－二－133～141、『史料編前近代1』Ⅲ－二－102）。八之助の殺害には複数の者がかかわっており、そのうち細川村番人（非人番）の武兵衛は殺害当日に妻子を連れて逐電した。花坂村番人市兵衛と市兵衛の家に出入りしていた浪人和吉は事件発覚まもない四月五日に捕えられ、手沓を申付けられたうえ、厳しい取り調べを受けることになった。なお、友淵村番人の平左衛門・団介も事件にかかわっていたが、友淵村は行人領であったため、両人の取り調べは行人方で行われたようである。

大師堂堂守の専正と配下の山之堂には逃亡した武兵衛の探索が命じられた。捜索範囲は寺領を越え、紀ノ川を東にさかのぼって大和・吉野へ、さらには紀州藩新宮領から隣国の伊勢国まで広がっていった。牟婁(むろ)郡の田辺近辺では、在地の惣廻りに武兵衛の行方に心当たりがないか尋ねたが、なかなか有力な手がかりは得られなかったようである。「金剛峯寺日並記」には、寺領外に逃亡した犯人を追跡するために、年預坊役人の名前で発行した往来手形の文面の写しや、捜索に要した経費などが記録されている。

犯人の捜索・取調べと並行して、年預坊と臼杵藩の大坂蔵屋敷の役人との間で八之助の身許を照会するために文書がやりとりされ、五月一五日には臼杵藩蔵屋敷の目付役人と八之助の父親の弥右衛門が高野山に到着した。遺族の希望と聖方の西生院の檀那であった縁から、八之助の遺体は奥之院の西生院の墓地に埋葬された。

高野山の牢屋

高野山内には数か所に牢屋が設置されており、「金剛峯寺日並記」などから、一心院谷・南谷の牢屋のほか、谷之者が管理していた牢屋（谷獄屋）を確認することができる。それぞれの牢の牢番や修繕は山之堂と谷之者が務めていた。八之助殺害にかかわった花坂村番人市兵衛は南谷の牢に、友淵村番人団助は、東谷にあった谷之者の牢屋に入牢している。

六月六日、浪人和吉が柴でのどを突いて自殺を図ろうとしたことが山之堂から堂守を通じて年預代に報告された（『史料編高野山文書』Ⅱ－二－139）。和吉を手当てした佐々木道達という医者には、後日薬礼として南鐐銀二枚が贈られている。その後、和吉は六月一〇日にのどの傷が原因で死亡したが、その遺体は山之堂が桶に入れて「千手院山之堂墓所」に運び入れ、谷之者が埋葬した。この時、谷之者に対しては、享保一八年（一七三三）に定められた規定どおり、和吉の埋葬料として米二斗が支給された。

追放刑

事件発覚から約二か月後、高野山は花坂村番人市兵衛と友淵村番人団介に寺領追放が申し渡され、市兵衛の妻子は村追放となった。高野山寺領で行われた刑罰のなかで、寺領追放は死刑に次ぐ重い刑罰であったとされる。追放には山之堂または谷之者が付き添い、罪人には「握食壱ツ・銭百文」が渡され、紀州藩領との境界にあたる紀ノ川の橋本渡し場で追放された。罪状によっては、片鬢剃り落としや額への入れ墨が追加されることもあった（『史料編前近代1』Ⅲ－二－29など）。

（2）宝蔵盗人新兵衛一件
大坂・安治川口での捕り物

万延元年（一八六〇）四月一五日の夕方、行人方の興山寺の奏者（取次役）が、内々に年預代に面会を求めた。面会の目的は、伊都郡河根（かね）村藤九郎から、養子新兵衛が作業場所にしていた小屋の二階に金子八五〇両余りを薦に包んで隠してあったことが発覚したこととかかわっていた。新兵衛は博打に入れ込むなど、日ごろから不行跡があったため、養父の藤九郎が人別帳から除くよう願い出ていたところであった。翌一六日、年預代らが立ち合って御影堂の宝蔵を調べたところ、観音開きの土戸の錠前が破損し、封印がなくなっていた。さらに宝蔵の内部を調べると、宝蔵に保管されていた宝物類には異常はなかったが、堂舎などの修繕に充てるための修理金を納めていた長持二箱の錠前が壊され、合わせて一二四四両二朱のうち、九一九両二朱が紛失していることが判明した。

年預代はただちに行人方にこのことを報告し、その日のうちに集議が開かれ対策が練られた。年預代は那賀郡安楽川庄（あらかわ）の地士（中世土豪・被官の子孫）である奥要人・平野縫之助・津田健助と胡乱方改の宇野源次兵衛・名迫次郎右衛門らを召集し、翌一六日から盗賊新兵衛の捜索がはじまった。胡乱方改の名迫次郎右衛門には大和国五條から御所、高田にかけて、同じく宇野源次兵衛には神谷口など高野山周辺で盗賊新兵衛の捜索にあたらせた。同時に新兵衛の兄繁助を大門女人堂に呼び寄せ、行方を聞き出そうとした。

図　高野山の御影堂と宝蔵　『通念集』（国立国会図書館デジタルコレクション）より。御影堂の背後に宝蔵がみえる

津田健助は堺・大坂から伏見・京都を捜索するように命じられた。一七日に大坂に到着して名迫次郎右衛門と合流し、大坂方の役人[11]にも依頼して堺・大坂を探索したが手掛かりは得られなかった。一九日の夜になって、「大坂役人」が安治川（あじがわ）口の金毘羅船が出港する場所に乗りこんで、ようやく盗賊新兵衛を取り押えることができた。津田健助は大坂方の役人に新兵衛の身柄を引き渡してくれるよう頼んだが、行人方から派遣された谷之者が先回りして新兵衛を引き取ってしまった。やむをえず名迫次郎右衛門を付き添わせて、谷之者四人とともに盗賊新兵衛を高野山まで護送することになった。

奥之院へ永追放

盗賊新兵衛が大坂で召し捕られたという知らせは四月二一日に年預坊に届き、二三日の夜に新兵衛は高野山に到着した。この事件に関しては、御影堂宝蔵の管理は学侶方の職掌であったが、盗賊新兵衛が居住していた河根村は行人領であり、盗まれた修理金は修理領を管轄する大奉行にもかかわる問題であったことから、三者の間で頻繁に文書・口頭でのやりとりが繰り返された。

学侶・行人双方で取り調べた結果、盗賊新兵衛には「奥院へ永追放」が言い渡された。この刑は罪人を奥之院の刑場で生き埋めにするというもので、高野山寺領で執行された刑罰のなかで最も重いものとされた。なお、奥之院永追放に次ぐ刑罰として、罪人を高所から突き落とす「万丈倒(ばんじょうごかし)」と呼ばれる方法があった(『紀伊国名所図会』、『史料編前近代1』Ⅲ―二―36)。

「金剛峯寺日並記」には、「奥院へ永追放の義、先年より毎度これ有り候えども、委細筆記なきゆえ、如何様の取り計らいに候哉、一向不分明に候間、后世の為荒々之を記す」として、盗賊新兵衛の処刑執行の様子が詳しく書き残されている。それによれば、六月三〇日の暮六ツ半(午後八時ごろ)、盗賊新兵衛が唐戸前に引き出され、年預代が罪状を読み聞かせて刑を申し渡した。この時、新兵衛に爪印を押させている。四つ時(午後一〇時ごろ)、検使役の侍二人に堂守・胡乱方・惣廻りのほか、縄取りの山之堂、提灯持ちなど合わせて一二人が新兵衛を護送し、東谷の入り口の土橋(地獄橋)で谷之者に引き渡した。この様子について、「金剛峯寺日並記」には「死出の旅路誠にあわれ成る哉、譬(たとえ)ば石川五右衛門・桜宗五郎など芝居の花道より引き出候儀と、今般の生物と誠に同様、実に芝居などは能(よ)く其しようふをうつし候ものに御座候」と記録されている。

谷之者は刑場に「三尺に四尺位の穴」を掘り、そのなかに盗賊新兵衛を入れ、上から五〇～六〇貫(約二〇六キログラム）の石を置き、さらに土石をかぶせて刑を執行した。役人らはこの様子を見届けると、翌日の昼まで番をする山之堂を残して引き上げた。

なお、『高野山千百年史』（高野山開創千百年記念大法会事務局編、1914年発行）は、盗賊新兵衛をもって最後の刑死者としている。

おわりに

近世の紀伊国の被差別民に関する基本史料には、「紀州藩牢番頭家文書」（和歌山城下とその周辺）や「田辺万代記」「田辺万代記」「田辺御用留」（紀州藩田辺領）があるが、「金剛峯寺日並記」が加わることで、紀州藩領と高野山寺領、紀北と紀南の被差別民の比較研究の進展が進むことが期待される。「金剛峯寺日並記」は膨大な史料であり、本章で紹介した史料はその一部にすぎないが、今後さらに調査・研究を進めることで、被差別民と高野山とのかかわりがこれまで以上に明らかになると考えられる。

二　近世紀伊国の多様な被差別民

はじめに――領主による被差別民の把握

江戸時代には、皮田や非人以外にも被差別的な立場に置かれていた人びとが存在した。名称や集団としてのあり方は地域によって違いはあったが、領主の指示で作成・提出した文書（宗門改帳や大指出帳など）では本村分と別記載とされていることが多く、百姓身分とは区別されていた。別火・別器や通婚の忌避といった習俗的な差別の対象となっていた事例も確認されている。紀伊国では皮田、非人を含む被差別民全般を指して「下り（さが）」と呼ぶことがあり、隠坊（おんぼう）や夙（しゅく）のほか、陰陽師（おんみょうじ）や梓巫女（あずさみこ）、座頭（ざとう）、猿まわしなどの一部の民間宗教者や芸能者がそのように位置づけられていたとされる。(1) 彼／彼女らの多くは村落内の一角に居住していたが、独立した一村を形成している場合もあった。

慶安四年（一六五一）に伊都郡上組（隅田・相賀庄域のうち紀州藩領の三六か村）の大庄屋が郡奉行・代官に提出

した「伊都郡上組在々田畠改帳控[2]」は、紀州藩が年貢確保のために各村の状況を把握する必要から作成を命じたものである。このような文書は紀州藩では「指出帳」と呼ばれており、村ごとに作成された「指出帳」を組単位で大庄屋がまとめて提出したものを「大指出帳」という。他領で「村明細帳」「書上帳」と呼ばれていたものに相当する。慶安四年の「伊都郡上組在々田畠改帳控」には、本・新田畑の石高のほか荒地の有無・小物成・家数・八歳以上の男女別の人数・牛馬数などが記載されており、当時の村々の状況を詳しく知ることができる。[表1] は同史料から、皮田以外の被差別民の家数を抽出したものである。

表1　伊都郡上組の被差別民の家数

	風呂	おんぼう	乞食	はちひらき	座頭	めくら
市脇村（27）			2			
東家村（93）	1					
寺脇村（43）	1	1				
小原田村（21）	1					
胡麻生村（41）		4				
馬場村（27）		3				
古佐田村（148）	1				1	
かわた原田村（15）			2			
河瀬村（47）	1		3			
下兵庫村（63）		2	3			
恋野村（42）				3		2
彦谷村（35）	1					
只野村（16）				1		
芋生村（29）			1			
中下村（29）	1	3				
上夙村（27）			2			
山内村（68）			5			
霜草村（32）			1		1	
柱本村（47）	1					
矢蔵脇村（24）	1					
橋谷村（51）		7				
辻村（37）		3※				
計	9	23	19	4	2	2

1.（　）内の数字は村全体の家数を示す。
2. ※は「むそく人のおんぼう」と注記がある。
（『和歌山の部落史　通史編』128 頁より）

慶安二年のキリシタン改め以降、紀州藩はすべての領民を「本役」と「無役」に分類して把握する方法を導入した。庄屋、肝煎と年貢納入者として領主に把握された家が「本役（役家）」である。隠居・後家や隷属民である下人および鍛冶、大工、紺屋などの諸職人のほか、皮田や [表1] に見える家々は「本役」とは区別されて指出帳に記載された。

近世初期の戸口に関する記録には疾病や身体障害を示す記載（「めくら」「かたは」など）が随所に見られるが、近世中期以降に作成された検地帳や宗門改帳にはそういった記載が比較的少なくなる。労役を課す夫役に代わって年貢が貢租の中心となった結果、百姓一人ひとりについて領主が夫役賦課の可否を確認する必要性が低下したため、疾病・障害に関する記載が減少したことが原因とみられている。「座頭」「瞽女（ごぜ）」は盲人と同義に用いられる場合もあるが、座頭仲間（あるいは瞽女仲間）に入った盲人を意味することが通例なので、「伊都郡上組在々田畠改帳控」の「座頭」と「めくら」は座入りしているかどうかを表しているものと考えられる。なお、疾病・障害を示す記載が完全になくなるわけではなく、夫役（夫米・夫銭）の徴収や救恤などの目的でこれらの肩書が記載される場合があった。[3] また疾病に関する記載としては、慶長六年（一六〇一）の牟婁郡出雲浦の検地帳の名請人に下田一畝歩を名請している「ものよし」の吉三があげられる。[4] 慶長八～九年（一六〇三～一六〇四）にイエズス会の神父らによって編纂・刊行された『日葡辞書』は「ものよし」を「癩病人」（ハンセン病患者）を指す語としている。江戸時代において「癩病人」の生業や支配のされ方には地域によって違いがあり、自宅で療養する癩病者も少なくなかったと考えられているが、出雲浦の検地帳に見える「ものよし」に関する詳細は不明である。

「風呂」について、紀州藩に仕えた国学者の本居内遠は、「風呂といひていやしむる一種ありて夙とおなじ」（『賤者考』）としているが、渡辺広は「はちひらき」「風呂」は隠坊に関係する存在であろうとしている。[5]

延宝五年（一六七七）八月の「伊都郡学文路組指出帳控」[6] によれば、紀州藩領の学文路組（中組）二四か村では、小田村―座頭二軒、伏原村―風呂二軒、神野々村―おんぼう五軒、柏原村―乞食一軒、山田村―聖二軒が存在したが、一九世紀初めごろに村を離れて南都に移住した。[7]また、入郷村には天野社や和歌浦東照宮の祭礼で芸能を奉仕した田楽六軒が確認できる。

1　葬送を担った人びと

隠坊（聖、三昧聖）は中世から近代にかけて葬送に従事した集団で、紀ノ川筋では一四世紀ごろに三昧地（墓所）が形成・固定化されたことと関連して、隠坊身分が形成されたと推定されている。『紀伊続風土記』には那賀郡原村と辺土村はかつて聖村と呼ばれていたとあり、慶長一八年（一六一三）に作成された「紀伊州検地高目録」には、両村は聖村と記載されている。畿内とその周辺地域の三昧聖は行基を起源とする伝承を持つことが多く、この両村にも行基伝説が伝わっている。紀ノ川筋の村々の隠坊の場合、他村の隠坊との間で養子関係を結んでいた事例が確認されており、婚姻も同じ隠坊身分との間で結ばれていたのではないかと藤本清二郎によって推測されている。[8]

延宝六年（一六七八）に作成された「日高鑑」[9]をもとに日高郡と海士郡の一部のうち紀州本藩領内の皮田と聖の家数を［表2］に示した。紀北の三昧聖は五畿内の三昧聖と同じく行基を信仰し、東大寺龍松院の支配下にある集団が多かったが、[10]日高郡島田村・印南浦・吉田村・鐘巻村・萩原村・志賀村の「聖（隠坊）」は、幕末の慶応三年（一八六七）に京都の極楽院空也堂の末派として組織化されている。[11]

高野山寺領では、伊都郡三谷村・兄井村・渋田村の天正一九年（一五九一）の検地帳に「おんぼう」の肩書をもつ名請人が確認することができる。兄井村の隠坊は屋敷地三軒を所持し、極楽寺の隣で周辺村の葬送業務に従事するかたわら、合計一町四反六畝歩余の田地を耕作し、隣村の未開墾地も開墾していた[12]。また、高野山には金剛峯寺の境内地（山上）にある奥之院で墓地の維持や埋葬に携わっていた谷之者という独自の三昧聖集団が存在した[13]。

田辺領で隠坊の仕事を担っていた鉢坊は、指出帳などでは「焚坊」とも書かれ、「はち」と略記されることもあった。鉢坊は異死者の埋葬にも関わっており、元禄一〇年（一六九七）一月に、小橋の下で行き倒れていた「乞食順礼」を西ノ谷村の墓所に埋葬している[14]。田辺領内は熊野や西国三十三所の順礼者が多く往来していたが、西ノ谷村の鉢坊の居所には善根宿があり、旅の途中で病気にかかった順礼者が身を寄せることもあった。

表2　延宝6年の皮田・聖の家数

大庄屋組名	村名	皮田	聖
川瀬勘右衛門組	下志賀村	14	2
〃	横浜浦	15	
〃	門前村		2
塩崎五郎右衛門組	萩原村	2	
糸田久太夫組	財部村	5	
〃	吉田村	8※	
〃	下富安村	4	
〃	鐘巻村		2
中村善次兵衛組	島村	6	
〃	薗村	11	3
〃	野口村	4	
〃	和佐村		1
弓倉理太夫組	南谷村	5	
〃	印南浦		2
〃	島田村		2

※は皮田と聖を一括した数値が記載されている。
（『和歌山の部落史　通史編』131頁より）

鉢坊は竹細工や農業にも従事していたが、指出帳や宗門改帳などの記載は本村とは別になっており、「柄在家（無役）」として扱われていた。庄屋宅で宗門改めを行う際には、非人番と鉢坊は平人の百姓のように座敷に上がることはできず、内庭で上り口に手をついて判を押した。皮田の場合は内庭にも入れず、縁先の庭に平伏して判を押した。順序に関しても、西ノ谷村の場合は、西ノ谷・古町、目良に続いて「三番ニ鉢坊、四番ニ穢多を改べし」という規定があった。[15] また、田辺領では鉢坊の妻が梓巫女を生業としていた。[16] 梓巫女は、梓弓などを用いて霊を呼寄せる「口寄せ」を行う民間の女性宗教者であるが、貞享四年（一六八七）に死者とかかわり「穢れ多き者」であることを理由に、「あつさ之者（＝梓巫女）」が、陰陽師と同座・同火することを禁止する触れが出されている。[17]

隠坊は、領主から役を賦課されることはなかったが、村に対する「役儀（＝葬儀奉仕）」を負っていた。その見返りとして、村民一般が負担していた人足役が免除されたり、初穂料を支給されたりすることもあったが、一八世紀末ごろになると葬送業務や負担を拒否する隠坊が村方と対立するという変化が見られるようになる。先に見た兄井村では、天保二年（一八三一）に村内の隠坊たちが「隠坊役」を拒否する動きを示し、村方が領主の高野山行人方に訴え出た。その結果、隠坊の行為は「身分を弁えざる不法」として領主の高野山から叱り（しか）を受け、天保四年三月にこれまで通り「隠坊役」を勤める旨の誓約を提出している。[18]

2 夙村の人びと

江戸時代、畿内を中心に紀伊・伊賀・近江・伊勢・丹波・淡路国には、夙（宿とも表記される）と呼ばれ、周囲から差別を受けていた人びとが存在した。紀伊国には九か所の夙村があり、領主の浅野氏が実施した慶長六年の検地時の石高が明らかなものを［表3］で示した。このうち名草・伊都郡の夙村三か村（すべて紀州藩領）に関しては、史料上、鎌倉・室町時代から存在を確認することができる。

表3　夙村の石高と人数・家数

郡	村　名	慶長期の石高	天保期	
			石　高	人数（家数）
伊都	（加勢田庄）宿村	181石2斗2升3合	186石3斗8升5合	301（63）
〃	（隅田庄）宿村	179石2斗2升3合	186石8斗3升7合	125（42）
名草	宿村	54石4斗7升2合	60石　2升5合	288（72）
有田	宿村	102石3斗9升	107石1斗6升3合	140（32）
牟婁	（湊村枝郷）敷村	122石	—	—

（『和歌山の部落史　通史編』134頁より）

夙村の主な生業は農業であったが、伊都郡の上夙村（隅田庄宿村）の場合、村内に平田が少なく、近世初期の生活は大変苦しい状況であったらしい。しかし、街道沿いにあることを活かした商売や膏薬の製造販売、行商などの出稼ぎによって村外の耕作田を買得し、耕地を拡大していったという[19]。牟婁郡敷浦の住民は漁業や魚商売に携わっていた。また、夙村の人びとは中世以来、神社の祭礼に先払い・警固としての役割を担っていた[20]。

『賤者考』には、「（夙を）皆普通の里民より忌みて婚を通ぜず。同火はいむ所忌まざる所ありて何故に忌むといふことを知らず」とあり、当時の人びとも理由がはっきりしないまま夙村を忌避していたようである。近世後期の大和国では、夙村の人びとが自ら被賤視の解除に向けて行動するようになったが[21]、紀伊国の夙村でも大きな運動には結びつくことはなかったものの、一八世紀末頃から領主や周辺村落による不当な取り扱いに対抗しようとする動きが散見される。天明の飢饉のとき、田辺領では疱瘡（天然痘）が流行し、湊村志古松原に避病舎が建てられた。郡奉行は隔離された疱瘡患者の看病を近隣の敷浦に命じたが、敷浦側は「浦方之指支難渋」であるとして拒否している[22]。寛政六年（一七九四）には、神子浜村の百姓の間で発生した水論の最中、「敷浦は下りにて候」という発言に対し、敷浦の住民が抗議し、内済でおさまった。この時、田辺組大庄屋が「下り」などと差別されるいわれがない根拠を示す書付を作成している。

3 貴志の猿まわし

江戸時代、名草郡梅原村と那賀郡上田井村には猿まわしの集落が存在した。梅原村の猿まわしは「貴志の猿まわし」とも呼ばれ、慶長年間に牟婁郡高山村から移住してきたという。享保元年（一七一六）ごろには、梅原村には弟子を合わせて一五人ほどの猿まわしが居住していた。猿まわしたちは、日常的には城下などで活動し、田辺などの遠方へは通常六〜七人で出かけていたようである[23]。

図1 猿まわし（『人倫訓蒙図彙』）

貴志の猿まわしの初代「貴志の甚兵衛」は高名な猿まわしで、『紀伊国名所図会』によれば、浅野幸長が紀伊国を支配していた時代に「日本猿引の棟梁」として国中の猿まわしを配下にしたという由緒を持ち、和歌山東照宮の祭礼である和歌祭の行列にも貴志の猿まわしが供奉していた。また、上田井村の猿まわしには由緒書が伝来していたという[24]。

猿まわし自身は、由緒と誇りを自負していたが、しばしば周囲から不当な取り扱いを受けることがあった。享和四年（一八〇四）三月、田辺町内に滞在していた貴志の猿まわしの甚兵衛と長崎の順礼が口論となった。順礼は甚兵衛に安値で芸を強要し、甚兵衛が断ると猿を打擲するなどしたので、甚兵衛は「紀州様御用も相勤候猿いかがなされ候や」と反論したが、順礼の方は「御用等と申し立て候ても猿引に訳の有る物にてはこれなし」といって聞き入れようとしなかった[25]。『紀伊続風土記』の上田井村の項には、「此村の北の端に猿屋垣内といふ家あり、家数二十軒許、皆猿牽を業とす、平民これと婚を通ぜず」と記載されており、猿まわしが通婚の忌避という習俗的な差別の対象となっていたことがわかる。

4 陰陽師と巫女

文禄二年（一五九三）、豊臣秀吉によって、畿内やその周辺の陰陽師（声聞師）とその家族が在地からの追放・移転を強制された。当時、紀伊国の領主は豊臣秀保で、文禄二年一一月に「紀伊国中陰陽師」の人数を調査して「女子共」も一緒に石田三成ら三奉行に引き渡すよう命じている。三鬼清一郎、服部英雄によって、陰陽師たちは尾張国の荒地開発（地鎮・普請）のために動員されたことが指摘されている[26]。

江戸時代、市井や村落で占い・祈禱に携わっていた民間の陰陽師は、公家の土御門家の支配を受けていた。なお、和歌山城下には俗に「右京の町」と呼ばれる一角があり、陰陽師の「加茂右京」が住んでいたことに由来するという[27]。『賤者考』には和歌山城下のほか、伊都郡野村・那賀郡白草村・日高郡茨木村に陰陽師が住んでいたとあり、『紀伊続風土記』は村内に一〜二戸の陰陽師が居住する村落をあげている。豊臣期の陰陽師追放との関連ははっきりしていないが、近世の紀伊国内での陰陽師の実態はよくわかっていないのが現状である。

伊都郡浄土寺村と有田郡熊井村は巫村で、浄土寺村は別名「産所村」とも呼ばれていたという。『紀伊続風土記』の浄土寺村の項には、「巫村なる故他村より賤しめて婚をなさす」とあり、周辺の村落から卑賤視を受けていた。

清浄を求めたり、穢れを忌んだりするために、飲食などの席で「穢れ」を持つ者と同席しないことを別座、同じ器を使用しないことを別器といい、煮炊きの火を他と別にすることを別火という。これらは前近代における差別のひとつの形態であるが、貞享四年（一六八七）に陰陽師が梓巫女と同座・同火することが禁止されたのも、習俗的な差別を前提としたものであろう。幕末の高野山では、埋葬や墓地の掃除にかかわっていた谷之者（三昧聖）と飲食をともにした僧侶が、「衆僧の威光相立ち申さず」として叱責されている。[28] これも、「死」にかかわることを日常としていた人びとに対する習俗的差別の一例といえるだろう。

5　女性宗教者へのまなざし

『賤者考』には、女性の職業である勧進比丘尼（かんじんびくに）と信濃巫（しなのみこ）の名前が見える。勧進比丘尼（熊野比丘尼、歌比丘尼）は、中世から近世にかけて熊野信仰を広めるために地獄絵などの絵解をしながら諸国を廻り歩いた女性宗教者である。信濃巫は先述の梓巫女と同じく、町や村を廻って梓弓を用いて霊を呼寄せる口寄せを行う女性の宗教者である。

勧進比丘尼と信濃巫は遍歴する民間の女性宗教者の代表的な存在であったが、『賤者考』は、両者ともに「うち〳〵には色を売るなどもきけり」と記しており、江戸時代には遊女と同一視されるようになっていた。さらに内遠は遊女の起源や種類について考察したうえで、「いにしへよりいと〳〵いやしむる者にて、今も良家の妻などにはせぬ者」であるが、「同火を忌まぬは勿論にて、もとより一夜にもあれ婚をひさぐ者なれば名のみいやしめ」られているのであって、平人との区別はないようなものである、と結んでいる。

6 皮田と芸能

和歌山城下や周辺の村々では、さまざまな芸能者や民間宗教者が活動していた。寺社の開帳には芝居や見世物が出てにぎわったが、けんかや巾着切りなどの犯罪がしばしば発生した。出店や芸能興行が行われる場所の治安・警備は、牢番頭やその場所を芝地（支配地）とする皮田が担っており、代償として興行元の寺社や村から芝銭を受け取る権利を持っていた。先に述べた貴志の猿まわし甚兵衛も、寛文一〇年（一六七〇）二月に名草郡下和佐村にあった「下わさ観音」の開帳で芝居を興行するにあたり、近隣の皮田に一日につき三〇〇文を渡している[29]。

芝銭は中世の被差別民が持っていた権利（旦那場・勧進場）に由来すると考えられているが、皮田と興行元・村の間で芝銭をめぐる紛争がしばしば発生した[30]。一七世紀中ごろの日高郡では、道成寺の境内で行われた会式や開帳への皮田の「入込」をめぐり、皮田と道成寺・村の間で長年にわたる訴訟が発生している[31]。

皮田が自ら芸能・宗教活動を行うこともあった。節季候とは、頭に羊歯の葉を付けた編笠をかぶり、赤い布で顔を覆って「せきぞろ」と唱えながら年末に無病息災・家内安全を言祝ぐ芸能の一種である。大坂やその周辺地域では非人や非人番がこの芸能に従事したが、紀伊国内では和歌山城下に隣接する岡島村の住民が節季候仲間を形成していた[32]。節季候のほか、和歌山城下では鳥追い・大黒舞も皮田によって担われる芸能であった[33]。

座頭は、本来当道座（江戸時代、盲人によって組織された座。検校・別当・勾当・座頭の四官があった）の最下位を指す名称であったが、盲人全般を指す場合にも使用された。一方、盲僧は天台宗の青蓮院門跡の支配下にあった盲人の集団で、琵琶を弾きながら地神経を読み、竈祓いや祈禱を行っていた。[34] 女性の場合は、集団で三味線の弾き語りをして門付けを行う瞽女と呼ばれる盲目の芸能者が存在した。当道座の祖神とされる天夜尊は、仁明天皇第四皇子の人康親王（光孝天皇の異母弟）のこととされ、熊野本宮にある大智庵は天夜尊の旧跡であるという伝承が残っている。[35]

図２　口寄せをする梓巫女（『人倫訓蒙図彙』）

江戸時代の盲人は鍼灸・按摩のほか、琵琶・三味線などの芸能に従事することも多く、田辺城下では座頭仲間が形成されて、組頭が置かれていた。[36] 一八世紀半ばの伊都郡慈尊院村では、しばしば「地神経座頭」が勤行のために来訪し、祈禱などを行っていた。[37] 旅稼ぎや勧化のため村々を渡り歩き、領国を越えて移動する座頭・盲人も存在し、「田辺万代記」には東北の座頭が田辺を訪れていたことが記録されている。[38]

座頭は吉事・凶事の際に家々から祝儀・施物を受け取る権利が認められていた。高野山でも法要が行われる際に、和歌山座頭と当山（高野山）座頭が年預坊に施物の給付を願い出ており、ときには金額の多寡をめぐってかけ引きが繰り広げられることもあった。[39] 当時の人びとは、座頭が祝儀・施物を受けることは当然の権利であるいう認識を持ちつつも、たび重なる負担に困惑すること

もあった。(40)

なお、被差別民は当道座に入ることが拒否されていた。江戸時代後期になると座頭仲間の取り決めに「穢多・夙・三昧聖」の祝儀・施物を受け取らないという規定が見られるようになる。(41)

7　江戸時代の「癩者」

癩病（ハンセン病のほか重い皮膚疾患を含む病名）は古代から認識されていた病気で、「癩者」は非常に忌避された存在であった。江戸時代においてもその状況は変わることなく、時には町や村を追われることもあった。人が集まりやすい寺社の門前などでは物乞いをする「癩者」の姿が見られ、病気の快癒を祈る順礼の途中で行き倒れる者も少なくなかった。(42)

疱瘡（天然痘）のような感染力の強い病気も恐れられ、患者は村から離れた場所に隔離されることもあった。ただし、病者や困窮者がまったく放置されていたのではない。ある程度は領主や町・村による救恤が行われており、たとえば日高郡では、岩内村の医師鈴木立庵が、先祖の追善供養のためとして嘉永七年（一八五四）三月から翌年三月にかけて「癩病療治」の施薬を行っている。実際の救護には、被差別民が担った役割も大きく、和歌山城下では、癩病にかかって動けなくなった野非人（乞食）は、吹上非人村に収容され、治療・扶養を受けた。(43)田辺領では、順礼の途中で発病した人や病気を理由に共同体から疎外された「癩者」、身寄りのない病人が、番太や鉢坊の在所に引取られて看護を受けた事例が確認できる。(44)

江戸時代の「癩者」の集団としては京都の物吉村がよく知られているが、高野山には禿法師という「癩者」の集団が形成されていた。『紀伊続風土記』高野山之部は、大和・紀伊国境の待乳（真土）峠に居住していた二人の「癩者」のうちの一人に弘法大師が膏薬の製法を伝え、もう一人を高野山に連れてきて金剛草履を売って暮らすように命じたのが禿法師のはじまりであるとしている。のちには鎌倉時代に高野山で蓮花三昧院を開創した明遍の支配を受けるようになったとも伝えられるが、詳細は明らかではない。禿法師は阿弥号を名乗り、一老（﨟）・二老の位階があり、明和年間（一七六四〜七二）頃に組織化が進んだと考えられている。彼らの居住地は、東谷と呼ばれる場所にあった阿弥陀堂とその周辺で、本尊の阿弥陀如来に病気の平癒を祈りながら、山内の寺院から供物を施与され、奥之院の参道にあった「履屋」で参詣者に草履を売って暮らしていた。また、季節に関係なく「四角にて頂上は四辺より畳て綴付」た頭巾を着けていた。禿法師の服装について『紀伊続風土記』の編者は、『破禅鈔』という書物の「高野山癩者・天王寺旦過僧・奈良癩者」は「禅衣帽子を著する」という記載を引用しており、禿法師は高野山のほかの僧侶とは異なる服装を身に着けていたようである。大晦日には、除夜の鐘が鳴る間に「禿法師」と声高に叫びながら寺院を廻り、酒・餅などを施与されたという[45]。

なお禿法師とは別に、周辺の参詣道や山内で物乞いをしていた人びとや、高野山への順礼者の中にも「癩者」の姿が見られ、動けなくなった順礼者の「癩者」を谷之者が介抱した事例も確認することができる[46]。

有馬、城崎、草津の各温泉には病者のために無料の「非人湯」が設置されていたことが判っているが、説経節「小栗判官」に登場する牟婁郡の湯の峰にも「非人湯」が設けられており、「乞食・難渋人の類ひ」が入浴していたという。その中には「癩者」も含まれていたのであろう[47]。

8 『紀伊続風土記』と『賤者考』

近世中期以降、山鹿素行・荻生徂徠・海保青陵などの知識人によって、被差別民の起源や身分秩序が論じられるようになる。紀伊国の被差別民について記録・考察したものには『紀伊続風土記』と『賤者考』がある。

全一二九巻からなる『紀伊続風土記』は、紀州藩主が儒学者の仁井田好古らに命じて編纂させた紀伊国の地誌で、天保一〇年（一八三九）に完成した。実地調査と文献に基づいて編纂された『紀伊続風土記』は、江戸時代末期の紀伊国に関する基本的な文献であり、被差別民に関する記述も豊富である。皮田・夙に関しては、天保期に存在した村（集落）の位置・家数・人数がほぼ網羅されている。

『賤者考』（弘化四年〈一八四七〉脱稿）は、『紀伊続風土記』の編纂に携わった国学者の本居内遠が、『紀伊続風土記』編纂時の調査をもとに、被差別民に関する事項を再整理した未定稿と考えられている。[48]『賤者考』では、五二の身分・職業・集団の起源や存在形態について論じており、猿まわしなどの芸能者や民間宗教者（陰陽師・巫女など）、座頭、遊女といった、制度上は被差別身分ではなかったが、卑賤視を受けていた人びとに関する記述も見られる。『紀伊続風土記』と『賤者考』については、現代の研究水準からは誤りと指摘されている記述もあるが、紀伊国の被差別民を知るうえで重要な史料であるという評価に変わりはない。

＊『賤者考』の項目

夙、散所、陰陽師、梓巫女、神事舞、田楽法師、猿楽、放下師、白拍子、遊女、傾城夜発、傀儡女、越後獅子、願人僧、俳優、浄瑠璃芝居、踊、観物師、舌耕、術者、弦売僧、高野聖、事触、偽造師、狙公、堂免、俑具師、刑殺人、青楼、肝入、勧進比丘尼、犬神、男色、結髪、伯楽、盲目、放免、浄瑠璃語、妖曲歌、浮浪、行乞、乞食、伎丐、丐頭、番太、穢多、革細工

内遠が生きた一九世紀後半には紀伊国においても近世的な身分秩序が動揺しつつあった。紀州藩は、都市の貧民層の中に「穢多・非人」と「馴寄（なれよ）」る者があると指摘し、道路工事や修理・整備、夜番人として雇い入れることを禁止している(49)。

手嶋一雄によると、内遠の関心は「良賤のけぢめ」が厳格に整備されていた古代の制度を立て直すために、それを支えていた差別意識＝「情」をもう一度あらい直すことにあり、内遠の差別論の基本視角は、人が①接触を忌避すること、②通婚しないこと、③同じ火で煮炊きしたものを食べないことであり、それらの中心に穢れ感が置かれていたとされる(50)。

「良賤のけぢめ」への徹底は、内遠が『賤者考』のなかで提唱した捨子対策からもうかがうことができる。まず国ごとに二、三か所の「捨子村」を作り、最初のうちは「賤者」から乳母を選んで養育させるが、成長後は捨子同士で結婚させて村に住まわせ、職役として新たに村に送られてきた捨子を養育させるという仕組みである。「捨子村」の住民には、新田や離島の開発、道路・橋の普請、非常時の軽卒など、「常人のやゝ労苦を難しとする所」を担わせるべきだとしている。さらに内遠は、捨子のなかに「穢人皮田やうの裔交らむ事」がありうるという理由から、「夙などとひとしく賤民とさだめて良民に混ぜ」ないようにし、「他の穢多・熅房は勿論乞食・夙などとも、婚は禁ずべく、もし密婚あらば、男女とも其方へ引わたす定として、此

種の戸を除く」べきであるが、「良民よりは、他の賤とひとしく、火はへだてずして婚を禁ずべし」として、「捨子村」の住人は、平人とも被差別民とも婚姻を禁止すべきだとしている。

捨子についての内遠の見解は平人と被差別民を厳格に区別しようという秩序意識にもとづいていたと考えられるが、現実には皮田との日常的な交流は貧民層に限られたものではなかった。安政六年（一八五九）に海士郡横浜村の皮田林兵衛が身分をかくして大坂木津灘屋の平養子になった事件では、林平に加担したとして日高郡門前村の地士由良弥太次（守応）が郡追放を申し渡されている。[51] 皮田と平人の間で土地の売買や金銭・米の借用なども行われていた。[52]

その一方で、内遠が着目した別器・別火、あるいは通婚の忌避（「他村より婚を通ぜず」「人々恐れいやしめて婚をなさず」）などの習俗的差別は厳然として存在しつづけ、明治になっても容易に解消されたわけではなかった。たとえば、名手市場村の堀正珍は、明治二六年（一八九三）一〇月一〇日の日記に、この日初めて隣接する被差別部落の小作人と共に食事をしたと書き記している。[53]

おわりに —— 描かれた被差別民

中世から近世にかけて、さまざまな職業の人びとの姿を描いた「職人尽絵」と呼ばれる絵画が作成された。中世社会における職人は特殊な技能を持つ人びとの総称であり、手工業者だけではなく、さまざまな芸能者・宗教者・遊女なども職人に含まれていた。被差別民が描かれた「職人尽絵」もあり、各時代の被差別民のすがたを視覚的に知ることができる。

「職人尽絵」に近いものに、天保期の和歌山城下の風俗を描いたとされる「天保年代物売集」と「天保年代物貰集」（和歌山県立図書館所蔵）がある。後者には約一二〇種類の「ものもらい」の姿が描かれており、その多くは芸能や宗教行為で興味を引き、金銭を受け取っていた。[54] 和歌山城下における勧進は、町人や大坂周辺からの来訪者によるものもあったが、節季候（せきぞろ）や鳥追（とりおい）・大黒舞（だいこくまい）は皮田村の住民が、身体障害系・奉仕（掃除・雑役）系・乞食系の勧進には非人村の住民が従事していたという。[55]

三　皮田村の生業と生活

1　慶長検地と「かわた」

豊臣秀吉が天正一〇年（一五八二）以降に実施したいわゆる太閤検地は、村境を決定し、検地帳の名請人を直接の耕作者（作人）とすることを原則として、耕地一筆につき耕作者一人（一地一作人）と定めるものであった。そのうえで土地の所有権を認め、同時に名請人に年貢負担の義務を負わせた。中世以来の重層的な土地保有関係が整理され、一耕地の収取者は一領主という原則が確立されるとともに、兵農分離が進み、石高制の基礎が築かれることになった。

太閤検地や慶長検地で作成された検地帳には、「かわた」の肩書きがある名請人記載がみられることが指摘されている。検地帳に「かわた」という呼称が記載されることの意味は、「『かわた』呼称は、権力にとって重要な公的帳簿である検地帳に記載されたものであるから、たとえ皮革業に従事していなくても本人はも

表1　「かわた」記載のある近世初期検地帳

年　代	検地帳	備　考
天正19（1591）	①那賀郡調月村検地帳	
	②伊都郡皮張村・平沼田村検地帳	
慶長6（1601）	③狩宿村検地帳	
	④井坂の内□□□御検地帳	
	⑤紀州在田郡藤並之庄野田村御検地帳写・同名寄帳	
	⑥日高郡下志賀村検地帳写	
	⑦那賀郡池田庄之内北大井村御検地帳	古和田村皮田の入作？
	⑧豊田村慶長六年辛丑八月御検地帳写	
	⑨那賀郡東国分村御検地帳写	元禄10年の写し
	⑩紀州名草郡田井内弘西村御検地帳	
	⑪岩橋村慶長検地帳	
	⑫海士郡木ノ本村慶長検地帳写	延享元年の写し
	⑬有田郡湯浅村検地帳写（紀南一夜森）	
	⑭伊都郡佐野村検地帳	家数69軒のうちかわた2軒
	⑮伊都郡東村御検地帳	家数99軒のうちかわた2軒

出典：①『和歌山の部落史　史料編高野山文書』、⑤・⑥『和歌山の部落史　史料編前近代1』＝⑤・⑥、⑬『和歌山の部落史　補遺・年表編』、⑦～⑫渡辺広『未解放部落の史的研究』、⑭・⑮『かつらぎ町史』近世史料編、③『那賀町史』、④『打田町史』第1巻
備考：検地帳以外にも近世初期の「かわた」の家数・人数が判明する史料が確認されているが省略した。

ちろんのこと、その子孫に至るまで『かわた』の肩書が付きまとうという性格を持ち、かつ、この検地時のかわた持高がかわた身分を特徴づける皮多役儀（行刑役など）を賦課する基準と想定されていたと考えられることである」[1]と認識されている。

近世初期の検地帳に見える「かわた」は江戸時代の被差別身分の「皮多」に直結すると考えられており、「穢多」は「皮田」に対する蔑称である。なお、紀伊国では、文書などに見られるかわた身分の人びとの自称は「皮田」という表記が一般的であるため、本章での表記は「皮田」で統一する。

天正一三年（一五八五）四月の秀吉による紀州攻めのあと、紀伊国は和泉国とともに秀吉の弟の羽柴秀長が支配することになり、和歌山に桑山重晴、田辺に杉若無心、新宮に堀内氏善が置かれた。秀長は天正一三年閏八月ごろから検地を施行する方針を明らかにし、高野山寺領も含めていくつかの検地帳が確認されている。関ヶ原の合戦後は浅野幸長が紀伊

国に入国し、慶長六年（一六〇一）に領内全体の検地を実施した。豊臣・浅野期に実施された検地で作成された検地帳のうち、「かわた」の肩書きを付された名請人が見える検地帳は現時点では［表1］のとおりである。

このうち、湯浅町教育委員会所蔵の『紀南一夜森』［表1－⑬］は有田郡湯浅村の慶長六年の検地帳の写しである。横半帳五冊（仁・儀・礼・智・信）で構成され、宝暦九年（一七五九）八月の序がある。渡辺広によって皮田の土地所有の状況が判明する史料として紹介されたもので、[2]『和歌山の部落史　補遺・年表編』に部分的に翻刻が収録されている。

湯浅村は熊野街道沿いに位置し、湯浅湾に面した交通の要衝であり、戦国期にはかなりの集落が形成されていたと考えられている。浅野氏による慶長検地以来、江戸時代を通じて制度上は村と位置づけられていたが、実態は町として栄えていた。『紀南一夜森』が作成されたと考えられる一八世紀半ばには東組・西組・南組・北組・中組と「穢多組」に分かれていた。湯浅村の石高は、「慶長検地高目録」では一六七九石余、「天保郷帳」では一五八六石余となっている（石高の減少は枝村の別所村が別に高付されたことによる）。天保一〇年（一八三九）成立の『紀伊続風土記』によれば、湯浅村の家数一二五五軒・人数五五四六人に対し、皮田は家数五〇軒・人数二二五人となっている。

さて、『紀南一夜森』には、田畑一筆ごとの字名・耕地の等級・面積・名請人・石高・組名が記載され、一から二千六十八まで通番号が付されている。

千八百七　同(池尻)　一下田九畝歩　　三(青木)太夫　　左(穢多)次兵衛　　穢多組

高壱石壱斗弐升五合

千八百十九　一同下田壱反拾五歩　同左門三郎　吉右衛門（ゑた）　穢多組

高壱石三斗壱升弐合五勺

千八百廿　一同下田七畝九歩　彦六（かわた）　了観（ゑた）　穢多組

高九斗壱升弐合五勺

千八百廿一　一同下田壱反三畝歩　左近右衛門（さと分）　了観　穢多組

高壱石六斗弐升五合

名請人のうち、上段は慶長検地時の、下段は延宝二年（一六七四）の名請人を表している。たとえば千八百七番の土地は、字池尻にあった九畝歩の下田で、慶長六年の名請人は三太夫、延宝二年の名請人は「穢多」の左次兵衛ということになる。さらに別人の名前が書かれた付箋が添付されている箇所もあり、延享二年以降の名請人の変更を示していると考えられる。名請人の肩書きには地名のほか、「かわた」「穢多」という身分呼称や「おんぼう」「大工」「紺屋」「うをや」「さかなや」などの職業名、「栖原や」などの屋号と考えられるものがあり、慶長六年の名請人には「めくら」という身体障害に関わる呼称も見られる（[表2]）。延享二年の場合、皮田の人びとの名請人の肩書は「かわた」や「皮田」ではなく、「穢多」または「ゑた」と記載されていることがほとんどである。

慶長検地時には「かわた」の肩書がある名請人は一〇人で、名請地の合計は一町六反一畝一五歩、石高一九石五斗三升七合二勺となる。名請人ごとの内訳は［表2］に示した（一部の数値・人名が先行研究と異なる）。

表2　『紀南一夜森』に見える被差別民関係の記載（～ 1437 番まで）

番号	字名	等級	面積	石高(斗)	慶長6年名請人	延享2年名請人	組
42※3	せしか瀬	下々田	15 歩	0.45	甚三	ゑた佐次兵衛	穢多組
75※3	観音畑	下々畑	6 歩	0.1	七蔵	吉兵衛	穢多組
77※3	観音畑	下々畑	18 歩	0.3	孫助	ゑた吉兵衛	穢多組
87※3	くわんをん畑	下々田	9 歩	0.27	孫八	ゑた佐次兵衛	穢多組
88※3	くわんをん畑	下々田	1 畝	0.9	七蔵	了観	穢多組
91※3	観音畑	下々田	2 畝 9 歩	2.7	若太夫	吉兵衛	穢多組
163	—	屋敷	27 歩	1.35	与一郎わけ屋敷	かわや次郎兵衛※1	南組
639	—	中畑	3 畝	4.2	孫市郎分わけ地	宿八右衛門	西組
985	南代	下田	2 畝	2.2	さと分めくら太郎兵衛	※2	—
989	くめさき	下田	8 畝 15 歩	10.63	おんぼう与三郎	※2	—
990	（くめさきカ）	下田	15 歩		〃　源十郎	※2	—
1293	とねき	上々田	5 畝 6 歩	9.88	はま分鳥山二郎太夫	穢多左次兵衛	穢多組
1294	とねき	上田	5 畝 6 歩	9.36	同人（鳥山二郎太夫）	穢多左次兵衛	穢多組
1409	宮ノ前	上田	2 畝 24 歩	5.4	形部五郎	えた左次兵衛	中組
1415	宮前	中田	8 畝 24 歩	14.52	はま分与三右衛門	穢多左次兵衛	中組
1416	宮前	中田	8 畝 24 歩	14.52	同（はま分）是円	穢多左次兵衛	中組
1417	宮前	中田	8 畝 6 歩	13.53	さと分長五郎	穢多左次兵衛※4	穢多組
1418	宮前	中田	1 反 1 畝 24 歩	19.47	（記載なし）	穢多左次兵衛※4	穢多組
1425	森崎	中田	1 反 2 畝 15 歩	20.46	はま分八川四郎左衛門	穢多左次兵衛	中組

※1 平人の皮商人か。
※2「是ハ御検地帳三反六畝拾九歩三厘荒場ノ内此代リニ寛永十六卯年新畑ノ内にて被遣御検地別帳ニ有」と注記あり。
※3「元和元卯新田本高入」と注記あり。
※4「前田屋四郎兵衛」という付箋あり。
（『和歌山の部落史　年表・補遺編』340 ～ 341 頁の表をもとに作成）

下々・下田畑が三分の二近くを占め、多くは字名「はげ山」周辺にあった。『紀南一夜森』の信の巻には元和元年（一六一五）以降の新田畑がまとめられており、「元和元卯新田本高入」のうち合計四畝二七歩の田畑については、延享二年には皮田が名請人となっている。

『紀南一夜森』によれば、延享二年の皮田の名請人は一七人で、名請地は三町三反一畝二〇歩余、石高四四石八斗四升三合余となっている。慶長検地後の名請人の増加は相続によるものと考えられ、わずかではあるが「穢多組」以外に所属する田畑の名請人となっている。逆に、慶長検地時には「かわた」の人びとの名請地であった土地が、延享期には平人の名請地となっていたり、その逆に延享二年に皮田の人びとが名請人になっている場合も確認することができる。［表3］は慶長六年

表3　慶長6年の「かわた」名請人

(1) 若太夫

番号	字　名	等　級	面　積	石高（斗）
1823	池尻	下田	反4畝06歩	5.25
1834	池尻	中田	1－1－21	19.47
1836	池尻	下田	5－15	6.875
1839	池尻	中田	5－03	8.415
1896	はげ山畑北のかわら	下畑	3－00	2.7
1900	はげ山畑	下畑	1－06	1.08
1901	はげ山畑	桑1束	—	—
1910	はげ山畑	屋敷	2－12	3.6
1911	はげ山畑	蜜柑1本	—	—
1912	はげ山	中田	1－8－00	29.7
1913	はげ山	下々畑※	1－15	0.75
1914	はげ山	下々畑	1－21	0.85
1915	はげ山	下畑	2－06	1.98
1919	はげ山	中畑	3－03	4.34
1957	しほ入かはら	下々畑※	2－12	1.2
1987	北ノしほ入谷口	中田	8－12	13.86
計			7－0－12	100.07

(2) 彦六

番号	字　名	等　級	面　積	石高（斗）
1820	池尻	下田	反7畝09歩	9.125
1894	はげ山畑北ノかわら	中田	7－18	12.54
1904	はげ山畑	下畑	1－00	0.9
1907	はげ山畑	下々畑	3－21	1.85
1909	はげ山畑	下田	8－27	11.125
1916	（はげ山）	屋敷	1－03	1.65
1918	はげ山	下畑	2－27	2.61
1920	はげ山	中畑	3－00	4.2
2005	北ノ山はた	下畑	2－00	1.8
計			3－7－15	45.8

(3) 孫四郎

番号	字　名	等　級	面　積	石高（斗）
1895	はげ山畑北ノかわら	下々畑	反1畝18歩	0.8
1897	はげ山畑北ノ川原	下田	1－27	2.375
1899	はげ山畑北ノかわら	中畑	2－00	2.8
1902	はげ山畑	下々畑	4－15	2.25
1903	はげ山畑	下畑	0－24	0.72
計			1－0－24	8.945

(4) 右衛門兵衛

番号	字　名	等　級	面　積	石高（斗）
1921	はけ山	中畑	1反0畝03歩	14.14
2006	北ノ山はた	下畑	0－08	0.24
計			1－0－11	14.38

表3　つづき

(5) 又六

番号	字　名	等　級	面　積	石高（斗）
1966	北ノ谷口	下々畑	反4畝06歩	2.1
1967	北ノ谷口	下々畑	5 - 06	2.6
計			9 - 12	4.7

(6) 若右衛門

番号	字　名	等　級	面　積	石高（斗）
1476	藪田	中田	反7畝18歩	12.54

(7) 平太夫

番号	字　名	等　級	面　積	石高（斗）
2007	北ノ山はた	下々畑	反5畝18歩	2.8

(8) 松兵衛

番号	字　名	等　級	面　積	石高（斗）
2009	(北山畑きりはた)	下々畑	反5畝15歩	2.75

(9) 九郎右衛門

番号	字　名	等　級	面　積	石高（斗）
1905	はけ山畑	下々畑	反4畝07歩	2.117
1906	はけ山畑	茶小半斤	—	—
1908	はけ山畑	下々畑	0-12	0.2
1917	(はけ山)	下畑	0-24	0.72
計			5-13	3.037

(10) 与二郎

番号	字　名	等　級	面　積	石高（斗）
2008	北山畑きりはた	下々畑※	反0畝27歩	0.45

※は荒であることを示す。
(『和歌山の部落史　年表・補遺編』342～343頁)

段階の「かわた」名請人であるが、若太夫所持の1823・1834・1836・1839・1896・1919・1987番、彦六所持の1920番、右衛門兵衛所持の1921番、又六所持の1966・1967番、若右衛門所持の1476番、平太夫所持の2007番の田畑は延享二年には平人が名請人になっている。

元禄一〇年（一六九七）の「名寄帳」によれば、「穢多組」の名請地は二町一反六畝余、名請人は一六人となっており、増加は字名「はげ山」を中心に山田川の河原地を切り開いたことによると考えられている。最も多くの田畑を所持していたのは肝煎の佐次兵衛で、田畑高合計一二石二斗四合七勺、一町以上を所持していたが、その他の名請人の所持地は狭小なものであった。(3)

なお、文化一二年（一八一五）の「名

寄帳」によれば、皮田の人びとの名請地は合計三反一畝二〇歩で、そのうち七反一畝三歩は出作地であった。[4]

2　皮田高の引き分け

江戸時代前期から、紀伊国の多くの皮田村では農業に積極的に従事していた。一八世紀以降も同様の状態が続き、日高郡や田辺領の皮田村所持高の実態が明らかとなってくる。一八世紀になると紀北の海士・名草・那賀・伊都郡では、いくつかの皮田村が本村から分村・独立しようという動きを示すようになる。

海士郡本渡村内の皮田は、もとは日方組岡田村から六人で移住してきたが、「御検地御入遊ばされ候節」には高四二石・家数一二軒に増えた。その後本村の潰百姓（つぶれ）（年貢未進や負債の累積により破産した百姓）の田畑を買い求めるなどして、安永八年（一七七九）には田畑高一五〇石余、家数六七軒まで増加した。享保一五年（一七三〇）に本渡村皮田は本村からの分離を郡奉行に訴願して否定されたが、安永八年（一七七九）に大庄屋を通じて郡奉行に再び分村を願い出た。[5]享保～宝暦期（一七一六～六四）にかけて、紀州藩領内では少なくとも四つの皮田村が本村から皮田高を引き分けたと考えられ［表3－2］、本渡村皮田はこれらの「古例」を根拠として皮田高の引き分け（皮田村の分村化・独立化）を主張した。

本村の百姓は、一五〇石余の所持高を抱える皮田百姓が分離しては立ち行かない状態になるとして反対し、結局分村は認められなかったが、大庄屋の内済により、大庄屋直支配の皮田庄屋を置くことが認められ、年貢などの取り立ては本村役人と皮田庄屋が立ち合いで実施することになった。

ところが皮田側は翌年再び分村を願い出た。この訴願も天明元年（一七八一）に郡奉行によって却下され

表4　皮田高引き分けの事例

年　代	村　名	皮田の所持高
①享保2（1717）	広瀬皮田村（岡島村）	
②享保14（1729）	那賀郡・大垣内村皮田	106石3斗4升3合
③宝暦8（1758）	名草郡・鳴神村皮田	
④　〃	名草郡・上野村皮田	
⑤安永8（1779）	海士郡・本渡村皮田	150石余
⑥天明7（1787）	名草郡・弘西村皮田	215石5升5合1勺
⑦弘化元～2頃（1844～45）	伊都郡・佐野村皮田	272石8斗3合8升

（『和歌山の部落史　通史編』169頁より）

たが、その後も分村をめぐる紛争は複雑な経過をたどった。皮田側にも本村による支配を願う層があり、本村側にも村役人層に批判的なものがあって、「平人百姓」と「皮田百姓」の対立といった単純な図式では括りきれない紛争であった。

天明七～八年（一七八七～八八）に至り、訴願は新たな段階に入った。それまでの妥協的・融和的な解決から、上級役所による正式な「裁許（判決）」に向け方針転換がなされたと推測される。ただし、訴願の結果が判明する史料が見つかっておらず、分村願の可否や関係者の処分・処罰に関しては明らかではない。

本渡村で皮田高の引き分けが問題となっていたころ、名草郡弘西村では皮田高の引き分けが認められ、本村と皮田村との間で皮田支配の年貢高などを確認する印形帳が作成された。[6]少し時代は下るが、伊都郡佐野村でも、弘化元～二年（一八四四～四五）ごろに皮田が本村からの高引き分けを要求し、許可された。一九世紀後半には佐野村の本郷と枝郷（皮田村）の所持高比がほぼ二対一となっており、近世初期に比べて皮田の土地所持が進展していた。[7]

3　皮田の出作と移住

周辺村落への出作や、新田開発、荒廃田の復旧のために動員され、そのまま定住した皮田によって形成された皮田村も存在する。寛政七年（一七九五）、潰百姓が多く田地の耕作に難渋していた杭ノ瀬村に入作した岡島村の皮田が定住して「岡島出村」が形成された。杭ノ瀬村が属した宮郷一帯は日前宮（日前国懸神宮）の氏子であったが、「岡島出村」の住民は「不浄の者共当宮氏下へ入込み居住致し候儀神慮恐れ入り申し候」として、日前宮の氏子から除外されていた。(8)

田畑を耕作するためには、用水や肥料や牛馬の飼料となる柴草を採取するための入会地を確保する必要があった。日高郡下志賀村の皮田は早くから農業に従事していたが、志賀五か村が共有する三河谷山への入会の権利からは排除されていた。近世中期以降、皮田の家数が増加するにつれて、柴草の需要も増加し、入会地を利用できないまま農業を営むことは困難な状況となっていた。明和三年（一七六六）の春ごろ、下志賀村皮田は三河谷山への入会を要求して代官所に出訴したが、結局認められなかった。約四〇年後の享和四年（一八〇四）二月、下志賀村の皮田三人が近隣の高家村川向の荒地を借り受けて耕作したいと願い出た。高家村は「往古より当村には不浄之者之なき事を幸い」としてきたと主張して皮田の出稼ぎに難色を示したが、最終的には、皮田側が子々孫々まで、①高家・池田村の入会地の柴草を刈り取らないこと、②草刈りは指定された場所で行うこと、③のちのち高持となっても諸事控えめにして本村に対して無礼のないようにすること、を厳守するという条件で高家村への出稼ぎが認められた。(9)

享和元年（一八〇一）三月には、田辺領の西ノ谷村皮田が下三栖村への出作を願い出ており、許可されている。下三栖村は元来人手不足で、耕作がままならいことから荒田・無主田が多くなり、過分の年貢未進を抱え難渋していたので、「穢多共六人」に、下三栖村百姓の失株（無主田）にあたる「三町四五反、高五拾石余」を耕作させることにした。ところが、三年が経過したところで再び年貢未進の状態に陥り、西ノ谷村皮田は出作の中止を願い出た。中止の理由について、西ノ谷村皮田の口上書には「指支出来」とあるだけで、詳しい事情はわからない[10]。

幕末に近い安政六年（一八五九）には、日高郡横浜村から山間部の東村に移住した皮田と東村の百姓の間で用水をめぐる争論が発生している[11]。東村皮田のような山間部の皮田村は、近世中期以降に荒廃田の再開発や農作物を荒らす猪・鹿などの獣類を駆除するために動員され、そのまま定住して形成されたものが多いと考えられている。

高野山寺領では、文化元年（一八〇四）六月、領主の高野山金剛峯寺が那賀郡猿川庄の荒廃田を復旧させるために調月村皮田の入作を指示している。入作の時期や移住する皮田も決まっていたが、直前に猿川庄側が「穢多村内へ差し置き候儀は難渋の趣」であるとして調月村皮田の入作に反対し、計画は頓挫した[12]。

出作や移住だけでなく、皮田の居住地拡大にともなう周辺村落との紛争も見られた。伊都郡平沼田（ひらんた）村（高野山寺領）では、村内の皮田の人数が増え、隣の寺尾村の人家に近いところまで皮田の住居が建つようになったが、寺尾村がこのことを不服として、文化一三年（一八一六）に高野山の総分役所に訴えた。平沼田・寺尾両村が示談した結果、平沼田村皮田が家を建てられる範囲が限定されることになった[13]。

一九世紀前半の事例ではあるが、皮田が所持する土地を平人が買得しようとした事例も確認できる[14]。近世中期以降、皮田の人びとは農業や土地取引などを通じてそれまで以上に皮田村の外部とかかわっていくようになるが、その一方で皮田に対する生活・風俗規制や、平人の百姓・町人の差別意識も強まりつつあった[15]。

4 皮革の生産・加工

紀伊国では、南北朝期に日高郡矢田庄で正平革が生産されていたことが確認できるが[16]、近世前・中期の皮革生産については不明な点が多い。しかし、他の地域と同様、牛馬を解体し、原皮・鞣皮に加工する仕事はかわた身分の人びとが担っていたことは明らかである。

江戸時代、生きた牛馬を屠畜する締め牛は禁止されており、皮革の原材料となったのは死牛馬が中心であった。貞享二年（一六八五）の生類憐みの令以降はいっそう締め牛への規制が厳しくなり、発覚した場合は厳重に処罰された[17]。延享二年（一七四五）二月、郡奉行が田辺領の村々に示達した落牛（死牛）の処理手続きによれば、落牛は最寄りの皮田に無償で引き渡す際は、締め牛ではないことを証明するために、庄屋が落牛の所有者の名前と落命した年月日、引渡先の皮田の名前を記した書付を作成する必要があった[18]。このような手続きが必要とされたのは、一七世紀末頃から皮革の需要増大による締め牛や「忍びさばき」が増加したことによる。元禄期（一六八八〜一七〇四）には全国的に牛馬統制が強化されるようになるが、紀州藩でもくりかえし締め牛の禁止が申し渡された[19]。

和歌山城下に隣接する岡島村では近世初期から皮鞣しが行われていた。牛皮だけではなく、特殊な需要と考えられる犬皮や三味線に使用する猫皮も生産されていた。岡島村で生産された原皮は村内で雪駄などの皮製品に加工されたほか、西日本の皮革の集積地であった摂津国渡辺村へも移出されたと考えられている。

雪駄は底に皮が張られた履物で、高価であったため、底革や鼻緒を取り換えて履いた。岡島村では一七世紀末に雪駄直し仲間が形成されており、和歌山城下を廻って雪駄の修理を請け負っていた[20]。正徳三年（一七一三）に作成されたと推測される「差上申一札之事」によれば、岡島村の雪駄直しを取り締まるために五人組が定められ、合計七七人の雪駄直しが署名している。[21] 在方の皮田村でも作間稼ぎに草履作りや雪駄直しが行われており、海部郡平井村・名草郡岩橋村・那賀郡名手近辺の皮田も雪駄直しに携わっていた。[22]

田辺領の場合は、朝来・富田両組の皮田が得た生革は、西ノ谷村の皮田頭のもとに集められた。享保一〇年（一七二五）六月、朝来・富田両組の皮田が西ノ谷村へ生革を運搬する際、田辺城下の町人町を通り抜けることが禁止され、城下町の外周を迂回する「穢多道」と呼ばれていた道を通行するように指示されている。[23]「十寸穂の薄」（『南紀徳川史』巻之百五）には、日高・牟婁郡の産物として熊皮、獣皮があげられているが、猪・鹿・熊などの野生動物の解体・皮加工も皮田によって担われていた。[24] 山間部では農作物への獣害対策として猪・鹿の駆除が行われていたが、百姓には獣肉に対する「穢れ」意識があり、獣を捕獲しても「屠者に与えへて其代をうるのみ」であったという（伊達千広「竜神出湯日記」）。日高川中流域の山村地域では、一七〜一八世紀初頭に日高郡横浜村や有田郡湯浅村から移住してきた皮田が猟師から猪・鹿を買い取り、皮剝ぎを行っていた。[25] 毛皮だけでなく、内臓や油も利用され、田辺領では西ノ谷村の皮田が山中で捕獲された熊を解体し、油を採取している。[26] 皮田が自ら狩猟を行うこともあり、牟婁郡では「穢多金八」が捕獲した熊を売買していた事例が確認できる（「奥熊野志第二」『南紀徳川史』巻之百二）。このほか、持ち主不明の捨牛馬や斃牛馬の処理も皮田が担っていた。[27]

紀州藩では藩財政改善のため、元禄八年（一六九五）から、二代藩主光貞の下で農政・地方行政の改革が進められた。元禄一〇年一二月に作成された「穢多仲間就法式申渡覚」[28] は屠殺禁止を主眼とした蠟皮・博労の営業統制改であったが、これは改革の一環である年貢増徴を実現するために、農耕牛馬の確保が必要であったことによるとされる。[29]

紀州藩では蠟皮の取り締まりは藩の在方役所にあった締方役所で行われ、口六郡の蠟皮取り締まりは岡島村の牢番頭が管轄し、蠟皮商売は「商人手形」を所持する者に限られていた[30]。伊都郡では蠟皮商売は特権的な「座」組織によって独占されており、手形は座に属する皮田に限って発行されていた。座と座外（「座」に対し「平」と呼ばれた）の間には経済的な格差に加え、両者の間では日常的な交際や通婚がないといった厳然とした区別が存在していた。

ところが、皮革の需要が拡大し、その経済的価値が高まると、座外の皮田の中には無許可で蠟皮商売を行う者が現れるようになった。このことが原因で、紀北の皮田村では蠟皮商売をめぐって座と座外の対立が生じた事例も見られる。天明三年（一七八三）には伊都郡端場村で、座と座外の間で斃牛馬・猪鹿牛馬蠟皮商売・皮細工の権利をめぐる争論が発生した。この争論では、結果として座外の「皮商売、皮細工仕度」という願いは許可されなかったが、その後もたびたび座と座外の間で同様の争論が発生した[31]。

5　皮田村と災害

伊都郡岸上村は、農業を生業の中心とする皮田村で、江戸時代を通じて村高はほぼ四〇〇石を維持していた。周辺の村落に比べて田方よりも畑方の割合が高く、田方は上々田・上田が多数を占めていた。耕地の中心部分は紀ノ川の氾濫原にあり、肥沃ではあったが、常に洪水の被害を受ける恐れがあり、不安定な耕作条件の下で農業生産が行われていた[32]。

和歌山城下の東を流れる和歌川の右岸に位置した岡島村も、たびたび風水害の被害を受けた。正徳四年

（一七一四）八月の「百年来に覚えずと中大風」によって発生した「津浪」（台風などによって発生する暴風津波と考えられる）が和歌山城下を襲い、岡島村にも水が流れ込んだ。村内は五～六尺も浸水し、一二八軒が全半壊し、六二七人が被災した。そのほとんどは無高の人びとであった。[33]

嘉永元年（一八四八）八月一二日には大風雨による「前代未聞之大水」のため岡島村では床上まで浸水し、村民は寺院や高台に避難した。翌日には水が引き始め、避難していた人びとは皆一四日には村に帰った。被害は諸道具の流出や家屋・田畑への損害だけでなく、人命も失われた。被災後、牢番頭たちは、御救米の給付に加え、牢屋常番・加番、御用人足などの役負担に差支えがあっても許容してほしいと役所に願い出ている。当時の牢番頭の日記には、「今後、洪水が発生した場合は、諸道具は残らず蔵の二階へ上げ、錠をおろすこと。小遣銭と夜具少々を抱え、車坂へ逃げること。早々に手回しして身体に水難が及ばないようにすること。また食物などに不自由しないようにすること。敷物を持ち運ぶことがあっても、家にはそれぞれ錠をおろすこと」と書き残されている。[34]

水害や旱天がもたらす凶作・飢饉も皮田村の生活に深刻な影響を及ぼした。城下などに物乞いに出ることもあったが、天保の飢饉時には、天保八年（一八三七）の弘西村皮田（『紀伊続風土記』によれば家数四六軒、人数一七一人）の死亡者のうち、三三人が病死人として記録されている。また、万延二年（一八六一）の「極難渋共御救米御下人別印形帳」には弘西村皮田として四八人の名前が見える。弘西村皮田は農業を中心としていたが、所持地が狭小で、小作地が多く、飢饉の影響が深刻であったと考えられる。[35] ほぼ同じ時期、日高郡薗浦では米価の高騰に加え、村内の皮田に疫病が流行したことから、庄屋らが困窮者への御救米の給付を願い出ている。[36]

地震が多く、周囲を海に囲まれた紀伊国は、江戸時代にも数度にわたって地震や津波に襲われた。宝永四年（一七〇七）一〇月四日に発生した宝永の大地震は津波による被害が大きく、田辺領の沿岸地域では多大な被害が発生した。田辺の町方では、津波による流失が一六四軒、潰家が一三八軒、大破した家が一一九軒、死者二四人という被害が出た。田辺領の西ノ谷村では皮田の家屋六軒と牛屋二軒が津波で流され、敷村では潰家一六軒、流失二二軒、死者一人という被害が出た。[37]

嘉永七年（＝安政元年〈一八五四〉）一一月四～五日に発生した安政の大地震と津波による紀州藩領全体の被害は、津波により荒廃した田畑一六万八〇〇〇石余り、焼失・流失・潰れ家二万六六〇八軒、流死者六九九人に及び、大小の船や炭・材木・板が大量に流失した。[38] 西ノ谷村の本村は津波による流失の被害を受けなかったが、鉢坊分四軒、皮田分三軒が流失した。[39] 西ノ谷村皮田の大半は農業と日稼ぎで生計を立てていたが、作付けした麦畑や備蓄していた麦・芋が津波で流されて生活基盤が破壊され、住民は出稼ぎに出ざるを得なくなった。地震後の地盤沈下により浜辺に居住することも困難となり、翌年四月に防波堤の築造とそのための扶持方米を願い出ている。[40] なお、紀州本藩領では、「稲むらの火」で知られる有田郡広村近辺の皮田村が津波の被害を受けた記録が残っている。[41]

書評1

下坂守著『中世寺院社会と民衆　衆徒と馬借・神人・河原者』（思文閣出版、二〇一四年）

著者の下坂守は、前著（『中世寺院社会の研究』思文閣出版、二〇〇一年、『京を支配する山法師たち――中世延暦寺の富と力』吉川弘文館、二〇一一年）で、中世の比叡山延暦寺が「惣寺」（本書では「山門」と呼ぶ）として存在し、公家・武家社会と相対するかたちで「寺院社会」というべきものを形成していたことを明らかにした。しかし、山門の「惣寺」そのものの組織と機能については多くの部分が未解明のままとなっていたとして、本書では中世における延暦寺の活動実態と、その支配下にあった京・近江の民衆との関係を明らかにすることで、同寺の歴史的役割を考察することを課題としている。

なお、本書全体を通して「王法仏法相依論」と山門とのかかわりについてとくに留意している。「王法仏法相依論」とは、中世に存在した社会通念で、「王法」（公家・武家政権）と「仏法」（山門）が互いに助け合うことで、この世の安定が保たれるという考え方のことであり、この理念は一般民衆にもおよんでいたとされる。

「王法仏法相依」という関係を、「仏法」の立場から一方的に破棄できた行為が、山門による嗷訴（山訴）である。第一篇では、「山訴」が実行されるなかで、三院（東塔・西塔・横川）の連合体としての山門の「惣寺」の組織と機能について考察している。〈第一章　中世延暦寺の大衆と「閉籠」――『元徳二年三月日日吉社幷叡山行幸記』に見える大衆の動向〉（初出二〇〇一年）では、鎌倉時代における延暦寺衆徒の堂舎閉籠（堂舎に籠もり、神仏への祈禱を停止すること）をとりあげ、同寺衆徒の組織と寺院運営について考察している。

閉籠は一院単位の抗議・示威行動であり、仏神への祈りを停止することで、「王法仏法相依」という関係を仏法側が一方的に宣言する行為であり、王法の担い手としての朝廷を脅迫するに効果的な手段であった。また文保二年（一三一八）一〇月の大宮閉籠は、衆徒の抗議行動であった閉籠という行為が、鎌倉時代末になると、その支配下にあった坂本の在地人にまで広がっていたことを示すものであり、土一揆による閉籠の発生過程を知るための貴重な手がかりを得ることになるとする。

堂舎閉籠と同様に、延暦寺の衆徒が政治的な要求を貫徹するためにおこした行動に、神輿動座（神の乗物としての神輿・神木を移動させることで神仏自身が訴訟に赴くという形をとった抗議行動）がある。〈第二章「山訴」の実相とその歴史的意義――延暦寺惣寺と幕府権力との関係を中心に〉（初出二〇〇四年）では、〈第一章〉の分析をふまえ、南北朝・室町時代の延暦寺における堂舎閉籠・神輿動座の実態を探るとともに、その政治的・社会的な役割について考察している。

山訴が威力を発揮した内的要因として、永享の山門騒乱による惣寺の一時的な解体の危機とその克服・復活、外的要因として嘉吉の変に始まる幕府の著しい権力失墜と、それにともなう相対的な朝廷権威の復活によって、「王法」の守護者としての「仏法」の力が増大したことを挙げる。

馬借・神人による閉籠の実施は、「仏法」から見放された「王法」であったればこそ、挑むことができたとして、山訴の持つ政治的・社会的機能の広がりの解明を今後の課題としている。

〈第三章　中世寺院における身分――天台宗寺院の事例を中心に〉（初出二〇〇四年）では、中世に仏法の守護者を標榜した存在でありながら、実態がほとんどあきらかになっていないという天台宗の園城寺・延暦寺の僧の身分構成について検証・考察している。

園城寺の僧侶は、①正規の成員である衆徒（三院＝惣寺の寺僧）②堂舎の維持・管理を担い、衆徒の下に位置づけられる預③独自の身分である五別所の僧（中衆・衆分）で構成されていたことが明らかとなった。

延暦寺の僧侶は、「上方」「中方」「下方」からなり、最上位の「上方」に衆徒が位置づけられる。寺の運営主体は衆徒であったが、独立性の強い執行機関としての寺家と、山門使節に代表される妻帯した衆徒＝山徒の存在が特徴的である。「中方」は「堂衆・承仕」で構成され、初期堂衆は「行人」とも呼ばれ、堂舎の維持・管理を主な役務としていたほか、金融に携わり、武装化の点でも実力を保持していた。また、延暦寺の寺院規模から初期堂衆は独自の勢力を形成し、学生（衆徒）と拮抗する状態を有していた。鎌倉時代初期、延暦寺では学生と堂衆の争いの結果、堂衆が山を去るが、ごく一時期とはいえ、堂衆が学生と拮抗するだけの勢力となっていたことについて、「寺内のヒエラルヒーが組織内のわずかなひずみによって、容易に崩れるもろい側面を有したものであったことがうかがえる」として注目している。

最下層の僧侶である「下僧」は、寺家の統制下にあって一山内の堂舎の保持にあたった下層僧であったが、衆徒の衆議をうけて検断に従事した山門公人の役を担っており、広義には衆徒・山徒の下で使役された下層僧であったといえる。中世の延暦寺では、身分は必ずしも固定的なものとは考えられておらず、中方・上方への道は開かれていた。そして、きわめて稀ではあったが、中世の寺院社会は、理論上は下方が上方になれる場所であったことを指摘している。

第二篇　坂本の馬借

衆徒と支配・被支配関係にあったのが坂本の馬借（中世、馬で物資を輸送した運送業者）である。〈第二篇〉では、馬借が居住していた中世坂本の都市構造や、山門と密接な関係を持っていた「坂本の在地人」や馬借の活動実態を探り、彼らが山門の活動に与えたかを考察している。

〈第一章　中世・坂本の都市構造――六箇条と三津浜の「在地」をめぐって〉（初出二〇〇七年）は、室町時代以降の坂本の都市構造と機能について検討したものである。中世の坂本では、日吉社の氏子である「在地人」とそれ以外の人びとは峻別されており、「在地人」の居住地区は「在地」と呼ばれていた。「在地」は一般的な「現地」などの意味ではなく、のちの「町」に相当するような生活共同体を意味していたとする。

〈第二章　堅田大責と坂本の馬借〉では、応仁二年（一四六八）の堅田大責（室町幕府の御蔵奉行に対し海賊行為を働いた堅田の討伐を山門衆徒に命じた事件）という事件について、山門衆徒独自の権限にもとづく軍事行動として規定し、衆徒が坂本の馬借を主要な戦力として用いていたという事実から、「坂本の馬借とは山門衆徒にとって何であったのか？」という疑問に一定の解答を提示している。

山門衆徒と馬借の関係は、たんなる上下関係にとどまらず、両者は日吉社を核とする宗教的・民俗的に共通する世界に生きており、それゆえ坂本の馬借も堅田大責に加わったとする。しかし、両者が融合することはなく、堅田大責以前から内部崩壊のきざしが見られるという。現実世界における支配者と被支配者としての矛盾は、康正二年（一四五六）の徳政一揆を先駆として、山門衆徒と坂本の馬借は対立・抗争の関係へと向かうこととなったとする。

〈第三章　坂本の馬借と土一揆――「王法仏法相依論」の呪縛からの解放〉（初出二〇一三年）では、山訴によって「王城守護」を担う祇園・北野両社の祭礼が執行不可能となったことが、寺社勢力・幕府・京都の民衆の三者の関係を考えるうえできわめて重要な意味を持つとしている。

南北朝時代末から室町時代初めにかけて、坂本の馬借は直接幕府に嗷訴するようになるが、それが可能になったのは、坂本の馬借が「在地人」「馬ノ衆」として日吉社の神輿の駕輿丁や神馬の口取り役を勤仕することを通じて、衆徒と同じく日吉社の神威を帯び、「仏法」に護られた存在であると自覚していたことによるという。また、正長元年以降の山訴の頻発と、馬借が山門の尖兵として活動したことが、彼らの自覚をより明確なものとし、享徳元年（一四五二）以降になると、土一揆をもって山門に徳政令の発布を迫るようになる。

そして、徳政令の発布という、京都の民衆による政治的行動は、馬借が山門を介することなく直接嗷訴という手段をもって幕府に要求を認めさせた、という既存の社会通念からの大きな飛躍が必要不可欠であり、山訴や坂本の馬借の蜂起を契機としてもたらされた可能性が極めて高いとしている。つまり、坂本の馬借の嗷訴が、幕府と山門の「王法仏法相依」関係が盤石でないことを民衆に教えたことによって、その呪縛からの解放の第一歩を踏み出させることになったと結論づけられるとしている。

第三篇　山門と日吉社

〈第一章　大津神人と日吉祭──祭礼の司祭と舗設〉（新稿）は、大津神人と日吉神人を漠然と同一視してきた研究史を疑問視し、あらためて大津神人について検証したものである。

大津神人は十一世紀後半以降、日吉祭で「粟御供」を備進していたが、応永二〇年（一四一三）四月以降は、粟津の「商人」が大津神人に代わり「粟御料」を備進するようになる。これは、日吉祭のたびかさなる停止・延引が原因で、大津神人は粟御供の備進をやめた結果と考えられるが、粟御供は大津神人の存在価値の核心をなす神役であり、なぜやめたのかを明らかにする必要があると指摘する。

〈第二章　大津神人と山門衆徒〉（新稿）では、日吉社の社司および山門衆徒との関係から、大津神人による活動領域の確保・拡大について検証している。

鎌倉時代になると、山門衆徒の日吉社に対する支配が急激に強固なものとなり、新たな種類の日吉神人が創出されるようになる。新たな日吉神人は日吉社の縁起とかかわりを持たず、経済的な負担を条件に山門衆徒から神人身分を認められた人びとであり、神人でありながら山門衆徒の直接の支配下にあった。

〈第三章　衆徒の金融と神人の金融〉（新稿）では、山門衆徒と日吉神人の金融の関係について考察している。山門衆徒自身は日吉社の縁起とは本来無縁であったが、早くから日吉社・大津神人を理念的に庇護していた。元久元年（一二〇四）の堂衆の延暦寺退去が契機となって、山門衆徒は寺の金融事業を手中におさめると同時に、山門衆徒と日吉社・大津神人の関係が理念的な庇護関係から、実質的な支配へと転化したという。乾元元年（一三〇二）には、大津神人による日吉社の神輿破損事件に原因する神輿造替費用の負担を余儀なくされた大津神人が山門に庇護を求め、山門は合法的に大津神人が用途を徴収する機会を得ることとなった。

正和四年（一三一五）の神輿造替費用は、「山門気風の土倉」（「京都の入神人」として土倉を営んでいた大津神人）から徴収されたが、これは馬上一衆（日吉小五月会の馬上役を京都の日吉神人から徴収するために至徳年間〈一三八四〜八七〉に幕府の支援のもとに創設された機関）による馬上役徴収という行為と同じであると指摘する。

第四篇　中世都市・京都の変容

〈第一章　応仁の乱と京都――室町幕府の役銭と山門の馬上役の変質をめぐって〉（初出二〇〇四年）では、室町幕府と山門が協力して京都の「諸商売」から銭を徴収する体制が、応仁の乱によってどのように変化したかを検討したものである。

応仁の乱中も、東軍（幕府）が統治していた「御構」内では馬上役は基本的には徴収されていた。一方、西軍が統治していた「下京」では、幕府の地子銭は徴収できなかったが、幕府に代わって「山上」（延暦寺の衆徒）が統括することで馬上役（日吉社の小五月会という祭礼に住民が負担した役）が徴収されていた。これは、幕府とかかわりのない馬上役が日吉社の神役であったことによるという。

〈第二章　中世京都・東山の風景――祇園社境内の景観とその変貌をめぐって〉（初出二〇〇九年）では、絵画資料に見える都市の景観変化をもとに、一六世紀後半から一七世紀初頭にかけて、織田・豊臣権力によって大規模な普請事業が実施され、変化した京都の風景を題材に、政治的な大変革がどうして可能となったかという問題について考察している。

祇園社の「一鳥居」を舞台にした神幸風景が絵画上定型化されたことから、中世の人びとにとって鳥居と四条橋は祇園会の神幸を表現するにふさわしい舞台とみなされていたと考える。天文一三年（一五四四）に流失した「一鳥居」は、一六世紀後半には描かれなくなる。上杉本「洛中洛外図」を最後に、神幸風景そのものが姿を消すが、これは御土居の構築によって、神幸路としての四条通が封鎖されたことによるという。

著者は、描かれた風景の変化をもたらした要因は、広く一般社会そのもののなかに根ざしていたと考え、直接的には権力者による都市改造等（御土居の構築など）を契機とするが、信仰の弱体化も背景にあったとして、「中世と近世の間に横たわる人びとの心の断絶の大きさを今一度、改めて確認する必要がある」と結んでいる。

〈第三章　中世「四条河原」考察――描かれた「四てうのあおや」をめぐって〉（初出二〇一〇年）も絵画史料を駆使した論考で、本書のなかでもっとも部落史に関連する論考である。周知のように、京都の「四条河原」という場所は、中世には河原者の住居地区として存在し、近世に入ると芝居等の興行地となったことが明らかになっている。しかし、著者によれば、「四条河原」については、中世に限定しても、具体的にどこで、どのような領域をもっていたのか、またそこで営まれていた河原者の生活とはどのようなものであったのか、といった疑問が残されているという。

『天狗草紙』『一遍上人絵伝』に描かれた皮革を干す風景から、遅くとも鎌倉時代末には「四条河原」は皮革業を営む河原者の居住・生産の地となっていたことがわかるが、文献史料で位置が確定できるようになるのは一五世紀以降であるという。著者は、さまざまな文献史料から、中世の「四条河原」を、四条通の南、鴨川の西畔に広がるかなり広大な領域であったことを確認した。また近世の興行地であった「四条河原」については、中世の河原者の居住地とは重ならず、基本的に別の空間であるとする。

次に、「四条河原」に居住していた河原者の生活について、絵画史料に描かれた「余部屋敷」とその周辺の風景から読み取る作業を行っている。一六世紀に作成された「洛中洛外図」など九点の絵画に見える「余部屋敷」近辺の風景に共通する地物の図像を抽出し、それらを、「第1場面—六月七日に行われた祇園社の神輿渡御」「第2場面—冠者殿社とその鳥居、榎」「第3場面—鴨川西畔に所在する家々」の三つに分類し、分析することによって「余部屋敷」とその近辺の日常を正確に浮かび上がらせた。

三つの場面のうち、第3場面に描かれた藁葺き・板葺きの家々が「余部屋敷」の河原者の住居と判定され、集落の周辺には竹藪が描かれている。分析対象とした九点の絵画のうち、三点には竹藪の外側をとりまく垣も描かれている。鬱蒼とした竹藪と高い垣について、「河原者の集落が意図的に一般の社会から隔てられていたことを示唆するものであり、そこからは当時河原者が置かれていた過酷な社会的な環境の一端を見てとることができる」とする。なお、三条大橋の東に移転した天部村の集落も竹藪で囲まれていたという。

さらに、「洛外名所図」の「四条河原」の上部に、「四てうのあおや（四条の青屋）」と墨書されていること、第3場面には青屋の営みと考えられる図像をいくつか確認できることから、河原者の活動実態としての青屋の営みについて検討している。ただし、なぜ河原者が青屋を営んでいたのか、という基本的な疑問点については本書では未解明のままとなっている。

今後の課題として、「四条河原」がいかなる歴史的な経緯のもとに河原者の領域となってきたかを考察することをあげている。また、河原者の生活・活動を伝える史料にはしばしば女性（妻）と子供が登場することから、「女性と子供の果たした歴史的な役割を見据えることで、「四条河原」の河原者の生活実態はより鮮明になるのではなかろうか」と結んでいる。

最後に、私の個人的な関心からではあるが、〈第四篇第三章〉から示唆を得たことをもって、まとめに代えたい。

河原者の集落が竹藪や垣で囲まれていたという点について、近世の高野山を描いた絵図類に被差別民である谷之者（三昧聖）の集落を囲む垣が描かれているものがある。差別を表徴するものとしての竹藪・垣が共通する点で興味深い。また河原者と青屋の関係について、紀州藩の牢番頭は「あおや」であったという由緒を持っていたが、戦国期以前の実態については不明な点が多い。現在のところ、牢番頭の先祖が青屋を営んでいたかどうかも確認できていないが、京都でも紀州でも、なぜ河原者・かわたと青屋が関係するのかという問題は、中世から近世への被差別民の展開を考えるうえで重要であろう。また、河原者の女性・子供の役割に注目すべきという指摘は、被差別民の「家」の状況を明らかにするうえで重要な示唆に富んでいると思われる。

なお、本書には一二編の論考のほか、補論・付論・史料紹介が各一編ずつ収録されているが、紙幅の都合で紹介できなかった。ご寛恕を請うものである。

書評2
寺木伸明・黒川みどり共著『入門　被差別部落の歴史』（解放出版社、二〇一六年）

部落史から〝社会を問う〟

本書は、部落解放・人権研究所から二〇〇二年と二〇〇四年に刊行された『部落の歴史』（前近代、近代）を受け継ぐかたちで、近年の部落史研究、被差別民衆史研究の成果をふまえ、新たな部落史の通史として刊行されたものである。二〇一四年一月から一五年一二月にかけて『ヒューマンライツ』に二四回にわたって掲載された「連載　被差別部落の歴史」がもとになっており、前近代編（第1章～第7章）は寺木伸明、近現代編（第8章～第19章）は黒川みどりが執筆を担当している。書籍化にあたり脚注・図版・写真が追加され、部落史の入門書としてよりわかりやすいものになっている。また、さらに詳しく知りたい人のためには、脚注や巻末の出典・文献リストが参考となる。

前近代編は、部落差別の歴史を考える場合には、身分差別の発生とその歴史的変遷をおさえることが重要であるという前提から、古代・中世・近世の身分制の特徴や変遷についてはもちろん、それらを規定した社会構造の変化を意識した記述となっている。

江戸時代の代表的な被差別身分である「皮多／長吏」と「非人」については多くの研究成果によって、地域ごとに名称や存在形態が異なり、成立時期にも多様性がみられることが明らかにされている。本書では、部落差別の形成過程を考える場合、被差別民の地域性や多様性、そしてそれらをもたらした事情をさらに詳しく解明していくことが大切であるとしている。たとえば本書の第7章では、江戸時代中期以降、幕府・諸藩の差別法令・政策が顕著となり、民衆の差別意識の表出に影響したことが紹介されているが、差別の実態や意識のあり方にも多様性・地域性が見られるかもしれない。また、「皮多／長吏」が持っていた多様性・地域性が、「解放令」以降どのように変化したかという点についても個人的に関心があるところである。

近現代編では、部落問題が存在しつづけている理由を封建遺制にのみ求めるのではなく、「近代社会の中で存在しつづけるための理由づけが与えられ、境界の補強、ないしはひき直しが行われてきたと見るべき」（135頁）として、明治維新から現代まで部落問題を存続させ、変化させてきた要因を探ることを課題としている。

前近代編では身分差別を規定した社会構造を明らかにすることが課題とされ、近現代編では部落問題について、差別を利用してきた国家権力とともに、社会の側を問われなければならないとしている。「社会を問う」ことは本書の重要な視点であろう。

なお、一九八〇年ごろから部落解放運動と他のマイノリティの運動の連帯が広がるようになったことが歴史研究にも反映され、本書でも前近代編、近現代編を通して部落問題との関わりのなかで、ジェンダーの問題や日本における先住民族差別、他のマイノリティとの連帯についても意識的に言及されている。

部落問題が見えにくくなっている今、なぜ被差別部落の歴史を研究し、学ぶ必要があるのか、そしてそのことが部落問題の解決にどう資するのかということが改めて問われているように思う。「あとがき」（黒川執筆）に、「マジョリティが何をしてきたのかをしっかりと見据え、学び、その史実を正面から受けとめていかなければなりません」とあるように、被差別部落の歴史は被差別当事者だけに関わるものではない。本書によって、差別を作り出し、維持し、それを内包してきた社会の歴史を明らかにし、それを知ることもまた部落問題と向き合うひとつの方法であることが示されている。

Ⅲ　近代のハンセン病問題

一　ハンセン病問題と和歌山県――近代の湯の峰温泉をめぐって

はじめに

和歌山県田辺市（旧東牟婁郡本宮町）の湯の峰温泉は、[1]成務天皇の時代に熊野国造大阿戸足尼（おおあとのすくね）が発見したと伝えられ、中世以降、熊野道者や順礼者は当温泉で湯垢離（ゆごり）を行ってから熊野本宮大社に参詣するようになった。[2]

近世の湯峰村は谷間にわずかな耕地を持つ山村であったが、湯治客で賑わっていた。また、地誌類などによれば、近世後期の湯の峰温泉には、「非人湯」や「乞食湯」という非人・癩（らい）者のための施設が存在し、[3]近代以降も治療のために湯の峰温泉を訪れるハンセン病者の姿が昭和一〇年ごろまで見られたという。

近代の湯の峰温泉とハンセン病の問題に関する先行研究として、『本宮町史』や、服部英雄が行った聞き取り調査の成果が挙げられる。[4]本章の課題は、これらの成果を踏まえつつ、明治後期から昭和初期にかけての湯の峰温泉と、その周辺で展開したハンセン病者の隔離と排除の問題について検討することである。

本章では現在の呼称である「ハンセン病」を使用するが、史料を引用する上で「癩」「レプラ」等の呼称を用いる場合がある。なお、本章で引用する新聞記事は、和歌山の部落史編纂会による調査の過程で収集したものである。

1 隔離のはじまり

(1) 温泉の整備と「健患分離」

一八八九年（明治二二）、湯峰村は東牟婁郡四村村の大字となった。明治三〇年代初頭の湯の峰温泉には、新築の御塩湯（入浴料五銭）、小栗湯（同三銭）、平湯（同二銭）という三種類の浴場があり、入浴客のうち「浴客病者の種別は天刑病者十中八九にして他は皮膚病者等」であった。[5]

一九〇三年（明治三六）五月、湯峰区で火災が発生し、浴室などの温泉施設や多くの民家が焼失した。被害にあった宿泊客の中には、「重病癩病者男十三人女三人」が含まれていた。[6]

火災発生の時期と前後して、四村村会では温泉の整備計画が審議されていた。この時の記録によれば、湯の峰温泉は従来「患者ト健康者トノ区別ヲ為サス健患混浴」であったが、「現今医学上ノ進歩著シク、古来世人ノ遺伝性ト見認メタリシ癩病ノ如キモ学理上伝染病ノ部類ニ属スルニ至」ったため、「在来混浴混宿セシ浴客モ大ニ忌厭シ日々浴客減尠」するようになったという。そこで、「健患ノ区別ヲ為」すため、「癩患者ヲ初メ肺病其他伝染病ニ属スル各患者ヲ厳重ニ隔離スルノ浴室等ヲ建設」しようという計画が村内で持ち上がっていたところに火災が発生したのである[7]。

火災後の再建計画は、東光寺を北西薬師堂の裏に移し、元の小栗湯付近を拡張し、六間×七間の浴室を設け、これとは別に、川を埋立てて造成した五〇〇坪の土地に、六間×二間半のハンセン病患者用の浴場を建設するというものであった[8]。

〔史料1〕『紀伊毎日新聞』一九〇三年一一月二九日

湯の峯温泉と八十川衛生技手

既記東牟婁郡湯の峯温泉は本年火失、更らに村債を起して浴室、旅舎等の建築に着手することとなり、当警察部衛生課よりは、技手八十川栄太郎氏は総て設備に就て用意のため過日出張したるが、今聞く処によれば今回よりは癩病患者の浴槽を普通病患者用の浴槽より二三町に設け、上、下の二室と勿論男女とを区別する由、而して旅舎等も同様区別をなし夜具、食器等迄最も注意洗掃せしめ普通病患者をして立ち入らしめざることに規約を設け励行する筈なりと。又た普通病者の浴槽は通称寺屋敷に特等、上等とし小栗湯の在りし処より下部に、中、下の浴槽を設け何れも男女を区別することとなし、従来嘗つて執行せざりし消毒法をも行ひ、又た未だ傭属せざりし医師を組合に於て傭ひ入れ診断せしめ、飲料水等も以来は砂透して用ひしむることとなりたり。右の同地は新宮を去る約十里の山間なれば病者の需むる鳥獣魚肉、牛乳等は甚だ不便なれば故に疎食に甘んずるもの多き由。因みに現今にても浴客百余人の数に上り居れりといふ。

〔『史料編近現代1』Ⅰ－八－1、傍線部筆者、原文に一部句読点を補った。以下、引用する史料については同様〕

「癩病患者の浴槽」と「普通病患者用」を区別しようとしていたこと、浴室や旅舎を区別するだけではなく、「夜具、食器等迄最も注意洗掃」が励行されている点が注目される。

ハンセン病が感染症であるという説は、一八八七年（明治二〇）の国際らい学会で国際的に確立したが、日本ではなかなか普及しなかった。しかも、ハンセン病が感染症であるという衛生教育が普及するなかで、感染力の強さが根拠もなく誇張されて広まった。しかし、ハンセン病＝遺伝説という、感染症説によって否定されたはずの旧説が共存するという状況によって、患者への差別や偏見が強まったと考えられている。[9]

一九〇七年（明治四〇）三月、「癩予防ニ関スル法律」が公布された。この法律は、当時問題となっていた「浮浪らい」（「癩患者ニシテ療養ノ途ヲ有セズ且救護者ナキモノ」）を公立療養所に収容・隔離することを主な目的としたものであった。

和歌山県は、一九〇九年（明治四二）六月、訓令で癩病患者取扱法の施行手続きを定め、患者の届出、救護、送致などに関する手続きを一般に周知すると同時に、消毒や予防方法を警察に訓令して、一般人にこの病気が伝染病であることを説明した。[10] 当時の新聞には、在宅患者に対する厳しい消毒規定（内務省訓令第四五号）が掲載されている。[11]

湯の峰温泉における「健患分離」の主張は、当時の政策や社会状況を反映していたと言えるだろう。

（2）「癩病宿屋」

大正期の史料によれば、湯の峰温泉には「小栗判官ガ癩病ヲ此ノ地ニ養ヒタリトテ癩患者数十名癩病宿屋ニ宿泊」していた[12]。別の史料によると、字湯峰の「一般戸数三三・人口一七三人」に対し、「患家一、患者三」であり、日常生活や縁組において、患者は「周囲健康者ト交通ヲ杜絶シ縁組其外ノ他社交関係全クナシ」という状態であったという[13]。

この「癩病宿屋」あるいは「患家」は、いつ頃、誰が設置したのだろうか。

小倉兼治（渓水、一八九五〜一九七〇）は、自身もハンセン病を患い、キリスト教徒としてハンセン病患者への伝道に身を捧げた人物で、昭和初期に湯の峰に滞在していた。小倉の自伝『瀬戸のあけぼの[14]』には、ハンセン病患者のための宿泊施設について、次のように記載されている。

この湯之峰に一軒だけ癩病専門の宿屋があつて、それを下湯（しもゆ）と呼んでいた。ずつと以前松村という癩者が此の湯の峰に来て湯治していたが、癩者が一般人と同じ宿屋に泊つて混浴するのが患者自身も気兼であり、一般人としても良い気持ちがせぬという不自然な実情からして、癩病者が安心して入浴の出来るような癩病専門の宿屋を自分が経営しようと私財を投じて、宿屋を設け、彼もそこに落ち着く事になつた。

〔『瀬戸のあけぼの』75頁〕

キリスト教徒であった松村は、聖書の一節にちなんで宿の屋号を「緑館[15]」とした。松村の死後、緑館の経営は別の信者に引き継がれ、一九二八年（昭和三）頃には、男女合わせて十数人の患者が滞在していたという。史料上で確認される湯の峰の「癩病宿屋」「患家」とは、この緑館を指していると考えられる。

公立療養所の設置以降、「浮浪らい」を強制的に療養所に収容するための取締りが各地で行われるようになり、和歌山県内でもしばしば「患者狩り」が行われていた(16)。

［史料2］『紀伊新報』一九二九年三月七日

天刑病者を一斉に取締まる　来る十日から三日間

来る十日より三日間、全国一斉□(に)癩病患者の取締りを行ふので、本県衛生課でも徹底的にこれを取調べ、大阪市西淀川区外嶋癩病患者収容所に送る事となり、五日附で県下各警察署へ手配した。同患者は田辺署管内にも相当ある見込みである。尚湯の峰温泉の私立収容所には目下十四名の療養費を持つ患者が収容されてゐるが、患者中に熱心なクリスチヤンがあつて、ホリネス教会の補助をうけて「祈りの家」を経営し、外界とほとんど交通をたち、一般湯治客の眼にも触れぬやうに宗教と温泉の効力によつて救ひをもとめてゐるが、勿論これは今回の取締りには除外されるべく、過般植野県衛生課長、安原技師ら視察を行つた所、入湯患者の全部の結筋(節)癩が温泉の効力で斑紋癩になつてゐたと。

〔『史料編近現代1』Ⅰ－八－19〕

ホーリネス教会との関係や「祈りの家」の存在から、「私立収容所」は緑館のことだと考えられる。小倉兼治が伝道のために湯の峰に派遣されたころ、信者らは緑館の前の十数坪の敷地に建設した「祈りの家」を集会場としていた(17)。

この施設に滞在していた「療養費を持つ患者(18)」は、外部とほとんど接触することなく、信仰と治療に専念しており、強制収容の対象とされていなかった。このことから、［史料2］に見える「私立収容所」は、単にハンセン病患者が集まる場所というよりも、療養のための施設として認識されていたといえるだろう。

湯の峰では、明治期の温泉施設の再建を契機としてハンセン病患者が隔離されるようになった。ハンセン病患者用の宿泊施設も存在したが、患者は外部と交流することはなく、周囲から隔離されていることには変わりなかった。

2 「癩患者収容所」建設計画と下湯の廃止

(1)「癩患者収容所」建設計画

一九二八年（昭和三）一一月、玉置喜代作という人物によって、湯の峰に「癩病患者収容所」を建設する計画が持ち上がった。

［史料3］『紀伊新報』一九二八年一一月二二日

湯の峰へ　癩病患者収容所　玉置氏計画

元四村村長であり串本小学校長及び同町助役をした事のある玉置喜代作氏は、同村湯の峰温泉は癩病患者に非常に効能ある処から、諸方から集まる同病者は現在二十余名もあつて常に村内を徘徊し、折角の浴客も気分を悪くして帰る者もあるとのことで、大いに困却してゐるのを見かねた玉置氏は、老後の畢生の事業として身を犠牲にし、これ等ライ病患者の収容所を建、自身が万事の世話をこなすことに決し、過日県へ其旨を述、諸般の打合せをしたが、未た具体的には進んでゐないが、大体の経費は約十万円で、之を財団組織にし、各方面から寄附を募り、政府よりの補助に依るもので、同人が斯く決心をした動機は、三輪崎町某家の息子が同病にかゝつた処、親が無情にも、何処へなりと出て行けと云つた為息子は親を恨んで家を出て行つたとの話しを聞き、其悲惨なる人間苦にいたく動かされたものであると。

〔『史料編近現代1』Ⅰ－八－18〕

少なからず人々の関心を集めたのか、この計画は当時、複数の新聞で取りあげられた[19]。計画では、施設は財団組織にして、運営にかかる諸経費は寄附や政府の補助で賄うこととしている。運営や患者の世話は、玉置が自ら行う予定であった。

計画立案の要因は、「常に村内を徘徊」する「諸方から集まる癩病者」の姿を見て、「折角の浴客も気分を悪くして帰る者もある」ため、村が困惑しているという理屈である。一方で、生家を追われ、おそらくは「浮浪らい」となったであろうハンセン病の青年への同情もきっかけのひとつであった。

玉置は「浮浪らい」を収容するために「癩病患者収容所」の建設を計画したのではないだろうか。先に見たように、湯の峰にはすでに緑館が存在していたが、施設の規模や費用の問題から、宿泊できず「浮浪らい」となった患者も多数存在したと考えられる。

玉置喜代作による「癩病患者収容所」計画に関しては、他に関連する史料が見つかっておらず、これ以降の動向は確認できない[20]。

(2) 玉置喜代作について

湯の峰温泉に「癩患者収容所」建設を計画した玉置喜代作とは、どのような人物だったのだろうか。断片的ではあるが、現在確認している事項を整理したい。

玉置喜代作は、一八六九年(明治二)、西牟婁郡栗栖川村(現、田辺市栗栖川)に生まれた。一八九〇年に和歌山県師範学校を卒業し、以後県内各地の小学校に教員として赴任している。[21]

一九〇八年(明治四一)ごろに田辺小学校赴任中、部落の青年に読書・算術・習字等を教える夜学校を開いており、[22]一九一〇年に日高郡の小学校へ転任するにあたって、部落の教育に尽力した功績により湊村から記念品が贈呈された。[23]転任後も湊村の部落との交流は続き、[24]後年校長として再び田辺小学校に赴任している。[25]また、田辺小学校赴任中は、南方熊楠とも親交があった。[26]

一九二〇年(大正九)以降は、日高郡の社会主事として部落改善事業に携わっている。[27]一九二五年(大正一四)頃には郷里の栗栖川村で閑居していたが、[28]その後串本町助役を経て、一九二七年(昭和二)に村議会の推薦で四村村長に就任している。[29]

玉置喜代作はキリスト教徒であった可能性が高いが、[30]ホーリネス教会や緑館との直接的な関連を示す史料は見つかっていない。

一九二八年(昭和三)以降の玉置喜代作の活動は不明であるが、部落問題や社会問題と接触を持った人物として、今後も関連資料を発掘する必要があるといえよう。

(3) 下湯廃止問題

一九二九年（昭和四）四月一日に施行された「四村温泉浴場及温泉使用条例施行細則案」により、ハンセン病患者の温泉利用が制度上不可能となった。(31) この年の九月には、ハンセン病患者が利用していた下湯への温泉供給が突然停止した。

［史料4］『紀伊新報』一九二九年九月一五日

湯峯温泉を追はる　癩患者の群れ　給湯を絶たれ路頭に迷ふ　矢野華星

□小栗判官入湯を以てさては天下に誇る幽玄境を以て古来知られたる山の温泉、湯の峰も近時とかくの紛糾せる問題続出し、昔日の如き平和な夢はつゞけられなくなつたが、最近に至り突如として難問題が現れ来つたのである。

□由来同温泉は諸病に効験深きうち、殊□（に）癩病患者に対しては奇蹟的卓効ありとして全国各地より同病患者集まり来り、数十年来やゝ隔離せる地にみどり館経営、団体的生活をなし居れるがそも〳〵こゝから問題は発生したのである。

□八月某日、突如彼等一団に対する給湯は停止された。まことに彼等にとつて湯こそは絶対的生命である。しかも彼等はその湯を奪はれたのである。彼等は再三村当局に向つて嘆願書を提出し、村民の同情を仰いだけれど人の心はつめたかつた。すべては計画的になされた事である。

□四村にとつて湯峰にとつて、癩病患者の存在は多年大なる悩みであつた。彼等の存在の故に、入湯客の数に大なる影響を及ぼし、村発展上、どんなに阻害されてきたか、同村は東郡（東牟婁郡）切つての貧弱村である。唯一の財源はかゝつて湯峯温泉にあるのである。而も以上の如き阻害によつて、益々収益難を告げ、発展を阻害せられるとなれば村当局は以上の如き苦しき立場に、今や悩みぬいてゐる。

□以上の叙述によつて給湯停止の意味も判然たるものあらうが、今一歩詳細に記述するならば癩病患者は目下二十名近く住居なし居れるが、中には悲惨極まる貧窮にあへぎつゝある者も少からず。旅館みどり館にてはこれらの者に対し殆ど無料にて宿泊せしめ、療治せしめつゝあるが、今や彼等一団は物質的には大なる脅威を受け、更に生命と頼む湯には浴するを得ず、悲しむべき淵に沈淪せんとして居る。月々村□納付すべき湯使用料十円も滞納に滞納を重ね実に二十三ヶ月に亘る長期間の滞納をみるに至つたのである。こゝに於て村当局は再三再四彼等に対し、該金の納付を強要したけれど、彼等には然しさうした余裕があるべき筈なく如何ともする事が出来なかつた。遂に過日村会の議決を以て彼等に対し給湯停止するに至つたのである。彼れらは嘆願書に或は出頭して幾度か村当局に訴へた。こゝに至り又々村当局は村会招集、種々協議した結果滞納金二百三十円を半額として即ち百十五円を納付せしめ更に月額十円を五円にする事となり、滞納金はさる篤志家のために納付する事が出来たのであるが、村議諸氏の中には彼らの立退きを要求しつゝあるものがあり。然しこれは果して可能であらうか。更に人道上大きな問題でなからうか。彼らも人の子だ。善良な神の子だ。然も彼らはあまりに悲しむべき運命を背負はされてゐる。彼ら自身には何等の罪悪もなくして、かくの如き悲しむべき運命を背負はされてゐるとしたならば、我等は到底涙なくして此の厳然たる事実をみる事は出来ない。国家は彼らのために国立収容所を設けてゐる。然し聞く所によればそこにいろんな悲しむべき差別待遇があるといふではないか。家庭から仕送りの多い者に対しては優遇を加へ、然らざる者に対しては冷酷極まる仕打ちとは何といふ滅茶苦茶な、そして暴戻なやり方だらう。

□然し、更に考えてみるならば、彼等少数が、湯峯に存在する事によつて、温泉に多大の影響を惑じ、年々浴客の数が減少をみるといふ事は、どうであるか。このために、貧弱村の四村が、その唯一の財源と頼む温泉が、以上の如き、難問題発生のため、大なる悩みに当面して居るとすれば、忽ち四村全体の生活に大なる関係をもつてくる。
□最後に私は、以上の問題に対して如何なる批判を加え、更に村民の一員として、如何に、その態度を表明すべきか、世の大方諸氏の示教を仰いで擱筆する。

〔『史料編近現代1』Ⅰ－八－24〕

緑館に滞在していた患者は、温泉使用料として月々定められた金額を村に納めることになっていたが、貧窮のために納付できなくなったので、村議会は患者への給湯停止を決定した。患者の嘆願や、篤志家の援助によって使用料未納の問題はひとまず解決したが、なおも患者の立ち退きを要求する村議が存在した。投書者は、療養所における患者の不当な扱いについても言及している。療養所内の入所者に対する不当な行為についてはすでに明らかにされており[32]、公立療養所では発足以来入所者の逃走が頻発し、当時の新聞にも脱走患者に関する記事が見える[33]。脱走した患者が治療のため各地の温泉場に現れることもあり、彼らによって療養所の実態が伝えられたのだろう[34]。

給湯停止問題はひとまず解決したものの、下湯への給湯を停止し、患者を温泉から排除すべきだという主張は依然として村内に残っていた。一方、村内に療養所を建設して患者を受け入ようという意見もあった。

［史料5］『紀伊新報』一九三〇年二月四日

意義ある救癩事業　　一村民生

十五日の紀伊新報に湯の峰温泉□(に)癩患者が集まつて村の発展を阻むので、給湯を止め且退去を望むものが村議中にあるとの事をみて、少しでも文字を解する限り吾人はこの問題に対し意見をのべる義務があると考へ、こゝに筆をとる次第である。

四村村議諸君、諸君の悩みは察するに余りある。しかし諸君はらい患者に退去を望むことをもつて唯一無二の策であると考へる程冷血な者ではあるまい。たゞ諸君も所謂背に腹はかへられず、一見冷酷に見ゆる様な非常(情)な処置をとつたものと吾人は考へる。仏教的にいへば諸君が四村にはからずも生をうけ、その村内の温泉が癩に特効があると云ふことは諸君と癩患者とが深い縁のあることを感ぜしめないか。諸君に癩患者の悩み苦るしみを自分も共に分かち担はふとする悲壮な決心をして貰ふことは到底出来ない相談だらうか。古来我国人はらい患者を毛嫌ひするのみで、いさゝかも徹底的な治療予防の方法を立てやうとしない。学者の称ふる所によれば徹底的な隔離予防の方法を講じるならば今から五十年の後には日本に癩病患者を少くする事は容易だといふ。不徹底な救癩政策（救癩といふよりも寧ろ癩虐待政策といはうか）は斯も容易な問題を等閑に附して永く癩患者の悲しみを二十一世紀迄も伝へやうとするかの様である。話は四村にもどる。諸君は県或は国をして遂に癩療養所を諸君の村に設立せしめ健康人の仕事として最も意義ある救癩の事に当らるゝ意志はないか。世の中で何が意義のある仕事だと云つても苦しんでゐる人、悲しんでゐる人の為につくす事程意義のある仕事はない。二度吾人はいふ。四村の諸君、諸君こそはその名誉□(を)担ふために、悲しく悲壮な決心をすべく選ばれたる勇者ではないか。

一般県民よ、諸君は地租移譲とか義務教育費云々とかの駄法螺は彼等政治屋にまかせるとも救癩の如き緊急事は注意して治療予防設備を速かに完成せしめなければならない。それはやがて吾人の子孫□(の)時代を極楽化せしむるであらう。当局者よ、諸君は救癩の為に用ふる費用はこれをおしむな。かくの如き問題に用ふる費用をおしむ事は字義通り一文をしみの百失ひである。吾人は子孫に百文の損失をかける事を明かに知つてゐるから今一文をおしむものではない。それと共に諸君が義務一通□(の)救癩の法を捨て何よりもまづあた丶かい心をもち、救癩□(の)意義をさとらる丶事を望む

為参考

全国の癩患者は約五万といはれる。もし僅の癩予防費をおしむ人達が万に一人でもあるなれば、私はその人を冷酷無恥この上なき人といはざるを得ない。その隔離の費用は補助艦一隻の建造費にすぎない。悲しき癩患の乞食に一椀の飯を恵む心のある人はその費用を癩療養所設置費に寄附せられよ。

〔『史料編近現代1』Ⅰ－八－26〕

この投書では、村内に療養所を設置することが提案されているが、村内に療養所を設置することについて、「悲しく悲壮な決心をすべく選ばれたる勇者」という表現は、ハンセン病対策や救癩事業に対する当時の人びとの意識をよく反映しているといえるだろう。

このように、下湯への給湯停止に反対する意見もあったが、三月末には「下湯温泉給湯廃止及湯料免除ノ件」が村議会で提出された。給湯停止の理由は、「本村温泉場ニハ従来ヨリ癩病患者多ク、来遊人士ニ不快ヲ感セシムルモノ」なので、「之カ退去ヲ欲スルモ容易ニ退去スルモノニアラス、止ヲ得ス給湯ヲ廃止セン

トスルナリ[35]」となっている。この案はそのまま可決され、一九三〇年（昭和五年）四月、湯の峰温泉の下湯は廃止された[36]。

下湯廃止後も小倉兼治は湯の峰で伝道を続け、同年五月に教会の設置申請を行っている[37]。村当局も当初は患者を原籍地へ送還する方針を検討しており、下湯廃止後、患者がただちに療養所に送られるということはなかったようである。

ハンセン病患者を温泉から排除せよという主張が多数を占めるなかで、実現には至らなかったが、玉置喜代作のようにハンセン病患者をめぐる問題に対して、具体的な計画を立案した人物や、下湯の廃止に疑問を抱き、患者を受け入れようという考えを持つ人たちも存在した。

このような現象は、湯の峰が近世以前からハンセン病者を受け入れてきたという地域的な特徴が背景となっていたと筆者は推測するが、そのような地域であっても、近代以降ハンセン病患者の隔離・排除が推し進められた理由について次節で検討する。

3　癩予防法成立後の湯の峰温泉

（1）癩予防法の成立と無癩県運動

『本宮町史』は、下湯の廃止を村の観光振興問題と結びつけ、ハンセン病患者の排除について、「こうした措置は、結局のところ当時の社会で一般的だったハンセン病への知識不足や、患者に対する人権を無視した認識を反映していたといえよう。」と解釈している[38]。

だが、湯の峰からハンセン病患者が排除された原因を、病気に対する知識不足や、人権への配慮の欠如にのみ求めることができるのだろうか。この点について、ハンセン病患者を取り巻いていた当時の社会状況から検討したい。

一九二九年（昭和四）三月、「癩予防法ニ関スル件」が改定された。この法改定により、一九三〇年一一月、岡山県に国立療養所長島愛生園が開設され、翌年三月から全国のハンセン病患者が収容されるようになった。一九三一年四月には「癩予防法ニ関スル件」が大改正され、「癩予防法」が成立する。このことにより「浮浪らい」だけでなく、すべてのハンセン病患者が隔離の対象となった。[39] 同年七月の「癩予防法施行規則」（内務省令第一六号）では、患者届出制が強化され、在宅患者の管理が一層厳重になり、強制収容が励行されるようになった。[40]

法律が改正・制定されたころから、「無癩県運動」という運動が全国的に展開するようになっていた。「無癩県運動」とは、地域からハンセン病患者をゼロにしようという運動で、官民が呼応して戦前・戦後を通して行われた。[41]

一九三〇年の和歌山県議会では、高野山参詣道沿いの「浮浪らい」対策が議題となっている。[42] 高野山へ向かう参詣道は、湯の峰と並んで和歌山県内における「癩集合地」であり、大正期からたびたび患者の強制収容が実施されていた。一九三一年には療養所に送致する患者を一時的に収容するための施設が設置されている。[43]

このように、湯の峰で下湯が廃止された時期と前後して、ハンセン病患者の隔離政策が強化されつつあった。

（2） 湯の峰から草津へ

長島愛生園開設の翌年にあたる一九三一年（昭和六）、湯の峰にいた小倉兼治に、長島愛生園園長の光田健輔から「湯の峰に居る患者を皆連れて愛生園にくるように」という内容の手紙が届いた[44]。

その数日後の六月二三日、「患者約十八名を岡山県邑久郡裳掛村の国立癩療養所に移す計画」のため、和歌山県衛生課長が湯の峰を訪れ、ハンセン病患者の実情を調査している[45]。当時の新聞は、植野衛生課長の訪問は「同地に於けるレプラ患者に「入湯ばかりしても病気が癒るものでないから収容所にはいつて実際的な療養をしてはどうか」とすゝめに行つたものと見られてゐる」と報じている[46]。

この一件が新聞で報道された数日後、本宮警察署長が湯の峰を訪れ、七月二〇日までに立ち退かなければ強制的に長島愛生園へ送ると緑館の人々に言い渡した。患者の事情や小倉の信仰上の理由もあって、緑館の患者のうち十数名が草津湯之沢の安倍千太郎のもとへ移ることを決意し、七月一八日未明、湯の峰を出発、草津へと向かった。緑館と教会の家屋、土地は売却され、草津までの旅費に充てられたという[47]。

小倉とともに草津へ移った患者以外の人々が、その後どうなったかは不明である。また、湯の峰にとどまり続けたとしても、いずれは原籍地に送還されるか、療養所に送致されたと考えられる[48]。

おわりに

近代の湯の峰温泉では、観光振興という経済的事情とハンセン病患者の排除が明らかに結びついていた。

そのことが、癩予防法の成立による隔離の強化や「無癩県運動」へと発展するような動きと結びついていったことが問題だと考える。

生瀬克巳は、「近代」と「前近代」の間に横たわる、ハンセン病者に対する歴史的な「差別の源泉の転換」が持つであろう意義に注目しているが[49]、差別の転換は近代の湯の峰温泉でも起こっていたといえるだろう。

＊付記　二〇〇九年六月に本稿を発表後、宮前千雅子「市町村における無らい県運動　和歌山県湯の峰温泉の動きから」（『ハンセン病絶対隔離政策と日本社会』六花出版、２０１４年）によって下湯（緑館）の位置が比定された。

二　高野山とハンセン病――近代以降を中心に

はじめに

和歌山県には、前近代以来、ハンセン病と関わりが深い場所が二か所存在する。ひとつは東牟婁郡の湯の峰温泉（現田辺市本宮）であり、もうひとつは伊都郡の高野山とその周辺地域である。県北部の伊都郡高野町に位置する高野山は、八一六年（弘仁七）に空海によって開創された。海抜八五〇メートルの山上に広がる東西四キロ・南北二キロの空間には修禅の場である壇上伽藍（だんじょうがらん）や弘法大師御廟がある奥之院を中心に、金剛峯寺をはじめとする多くの寺院が展開し、今日でも多くの参詣者が訪れている。

前章では湯の峰温泉とハンセン病をめぐる問題について近代以降を中心に検討したが、本章では高野山とハンセン病との関わりについて検討する。高野山とハンセン病をめぐっては一部の自治体史やハンセン病の通史で触れられているが、患者の実態や、地域から排除され、国の隔離政策によって療養所に強制的に隔離されていった過程についてはほとんど検証されてこなかったからである。[1]

なお、本章では基本的に現在の呼称である「ハンセン病」を使用する。ただし、江戸時代以前のことについて言及する場合や、史料を引用する場合は「癩」「癩者」を使用することがある。[2]

1 癩病庵の移転

江戸時代、紀伊国の北東部、紀ノ川以南には二万一千石余りの高野山寺領（寺領）が広がっており、寺領は金剛峯寺の境内地（山上）と寺領の村々（山下）で形成されていた。山上の奥之院付近には「禿法師」という癩者の集団が居住していた。[3] 一六四六年（正保三）に作成された「高野山内絵図」（金剛峯寺蔵）[4]には、奥之院の入り口付近の、東谷と通称されていた一画の南側、御澱川を隔てた場所に、四角で囲まれた「とくほうし」という文字が記載されている。文化八年（一八一一）の絵図[5]には同じ場所に阿弥陀堂と「ライ病人家」と注記された三棟の藁葺き屋根の建物が描かれている。『紀伊国名所図会』の奥之院を描いた挿絵にも「アミダ堂」と小さな建物が二棟描かれている（図1）。

阿弥陀堂とそれに付随する建物は「癩病庵」とも呼ばれていた。禿法師はこの小庵に籠居し、寺院の供物の余りを施与される代わりに、寺院の閑所（＝厠か）などの掃除をしながら、朝夕に阿弥陀如来に病気の平癒を祈りながら暮らしていた。[6] 禿法師は、奥之院の参道にあった一間四方の板屋（履屋）で、参詣者に草履を売ることが許されており、[7] この建物は『紀伊国名所図会』では「亡者ワラジウリバ」として描かれている。

江戸時代の金剛峯寺の記録には、禿法師のことは「谷病者」と記されている。[8]

図１　高野山奥之院の一の橋付近　『紀伊国名所図会』（其七、其六）を加工した

奥之院に残されている禿法師に関連する石造物（墓石、供養塔）を分析した日野西眞定の研究によれば、禿法師は阿弥（あみ）号を名乗り、一老（臈）・二老の位階があり、明和年間ごろに組織化が進んだと考えられている。(9) 阿弥陀堂と癩病庵は江戸時代の高野山において、救癩施設としての役割を果たしていたものと考えられる。(10)

参詣者や寺院からの施与を目当てに「奥之院の小祠」「西口（大門）の雫の桟道」「一心院口不動桟」に集まる「非人」「乞食」の中にも癩者が含まれていた。彼らは、寺院からある程度の庇護を受けて集団を形成していた禿法師とは異なる存在であった。順礼の途中、高野山内や街道で行き倒れる癩者も多かった。(11) 金剛峯寺は山内の治安を維持する目的で定期的に「非人払」を行ったが、(12) 江戸時代を通じて高野山に「非人」「乞食」が途絶えることはなかった。

明治維新後、高野山ではさまざまな制度・組織が改革された。阿弥陀堂と癩病庵への影響は定かではないが、一八九五年（明治二八）三月に発行された井村米太郎著『高野のしをり』には、「阿弥陀堂弁癩病庵」という項目があり、「阿弥陀堂　癩病庵（東谷より川を隔て、南に在）大師悪疾を患ふる輩を哀み阿弥陀仏を作りて患者を救ひたまふ、古来かの輩此庵室に集まりて懺悔専念、除病を弥陀如来に祈るに往々癒えて帰る者あり、其重患深業の者と雖ども糜爛に至ることなし、誠に霊異諍ふべからざるなり」と説明している。同書巻頭の山内絵図にも「アミダ堂」が描かれており、おそらく明治以降も江戸時代と同じ場所にあったと考えられる。[13]

ところで、明治期のハンセン病をめぐる状況を確認すると、江戸時代から存在した、家や村を追われて放浪を余儀なくされ、寺社の門前などで物乞いなどをしていたハンセン病患者（史料上は「浮浪癩」「浮浪癩患者」という呼称があるが、本章では「放浪患者」で統一する）に対し、明治初期の政府はほとんど何の対策もせず、国内外のごく一部の宗教家によって救済・支援が行われていた。やがて政府は「放浪患者」の存在を問題視するようになり、[14]一九〇七年（明治四〇）に「癩予防ニ関スル件」（法律第一一号）を制定した。同法律によって「癩患者ニシテ療養ノ途ヲ有セス且救護者ナキモノ」が隔離の主な対象となり（第三条）、「放浪患者」や世話をする者がいない患者は、全国五か所に設置された連合道府県立のハンセン病療養所に隔離されるようになった。[15]

和歌山県は二府一〇県で構成される第三区に属し、県内の患者は大阪府西成郡（一九二五年に大阪市編入後は西淀川区）の外島保養院に収容されることになった。「癩予防ニ関スル件」の施行を受け、県は同年六月二一日に「癩予防ニ関スル取扱手続」を改正し、医師がハンセン病患者を診断もしくは死体を検案したときおよび患者を移転したときの届出様式を規定する「癩患死者届出ニ関スル件」を公布した。[16]

高野山の阿弥陀堂および癩病庵に大きな転機が訪れたのは、一九一七年（大正六）八月のことである。

［史料1］『高野山時報』一九一七年八月二一日号

▲東谷阿弥陀堂の移転　同堂は癩病庵と称し、往昔より東谷汚涂川（御瀫）向の一隅にありしが、癩病患者の自

由往来を禁じ一所に収容すること丶なり、不要に属せしを以て、今回其筋の許可を得て移転すること丶なり、此程一の橋を渡り右方大師行状一代記絵画堂の側に移転改修せられたり。而て該移転改修経費は大部分稲岡卯兵衛氏寄附せられたり。

（傍線は筆者による。原文には適宜句読点を補った。以下引用史料についても同じ）

奥之院の通称東谷と呼ばれる一画には、江戸時代以来、三昧聖（谷之者）[17]が居住していた。この一画は明治になってからも住宅が「雑然存在セル」状態であったが、一九一六年（大正五）の高野山内土地整理方針[18]により、住宅は御廟川の外側に移転されることとなり、跡地はすべて墓所に編入された[19]。このとき一の橋付近にできた空閑地に阿弥陀堂だけが移されたと考えられるが[20]、癩病庵に起居していた人びとが移転後どうなったのか、今のところ確認できていない。今後の課題としたい[21]。

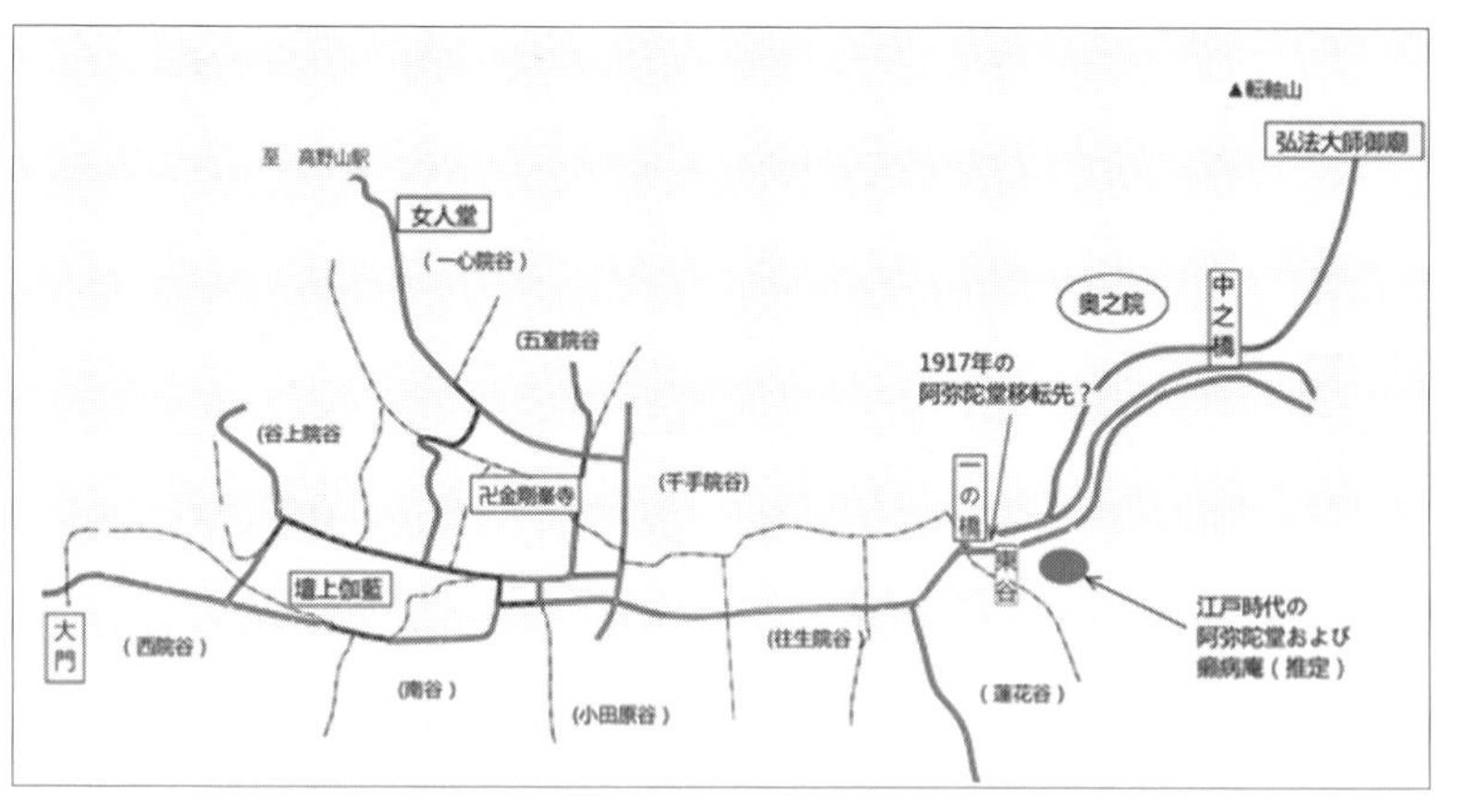

図２　高野山内概略図

2　「癩患者狩り」とその実態

一九〇〇年（明治三三）一一月に五條―和歌山間を結ぶ紀和鉄道（現ＪＲ和歌山線）が開通すると、高野口駅から九度山―椎出―神谷―不動坂を経て女人堂に至る新高野街道が発展した。一九一四年（大正三）には翌年の高野山開創一一〇〇年大法会に備えて大規模な道路改修がなされ、翌年三月には高野山鉄道が三日市町―橋本間を完成させ、大阪汐見橋―橋本間を結ぶ路線が開通し、新高野街道を通行する参詣者や物資がそれまで以上に増加した。[22]この参詣客を目当てに物乞いをする人びとが新高野街道に集まるようになり、その中にハンセン病患者が含まれていた。

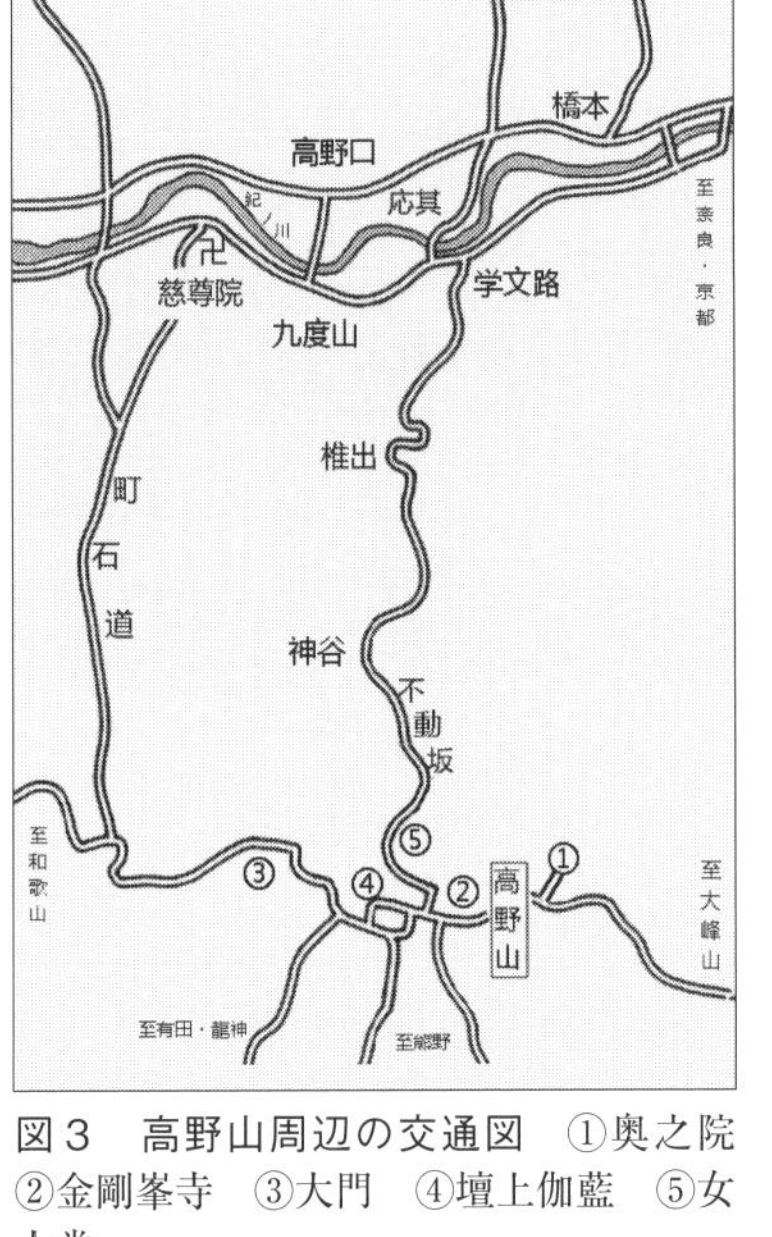

図３　高野山周辺の交通図　①奥之院　②金剛峯寺　③大門　④壇上伽藍　⑤女人堂

高野山周辺に集まっていたハンセン病患者の状態について、一九六八年（昭和四三）発行の『高野口町誌』には、「大正年間、高野街道に参詣客の頻繁な頃、沿道には癩病患者などがところどころに屯していて、それらが醜い手足をさらし、参詣客に合力を願う乞食が充満していた。警官などがいわゆる『タモ狩り』といって、これらの患者を癩療養所へ収容するために引立てたが、なかには随分哀れな話もあったようである」という記述がある。[23]「タモ」とはハンセン病の異称で、寛政期に作成された高野山絵図には、阿弥陀堂

表1　「癩患者狩り」の記事（1921～29年）

年月	新聞記事の見出し	出典
1921年 5月	高野山の癩病乞食狩り　捕つた卅五人は保養所送り	大阪毎日新聞（和）5/25*
	癩病患者の大狩立	大阪朝日新聞 5/25
1922年 5月	癩病患者の取締り	紀伊毎日新聞 5/13
	高野の乞食狩り　登山道の癩病患者四十六名	大阪毎日新聞（和）5/13
1923年 3月	癩病乞食取調　高野山放火事件	大阪毎日新聞（和）3/31
	高野の癩患者を一網打尽　警官が変装して	大阪毎日新聞（和）3/24*
4月	癩患者を保養院に　高野山の狩立	大阪朝日新聞（和）4/25*
	高野の癩患者狩	大阪毎日新聞（和）4/25
1926年 3月	患者狩り　高野参詣期を見込んで	大阪朝日新聞（和）3/27
4月	病患者十余名　山中で賭博	大阪毎日新聞（和）4/24
1928年10月	癩患者狩り	大阪毎日新聞（和）10/13
1929年 3月	癩患狩り	大阪朝日新聞（和）3/6
	二府七県が協力して取締る　醜い癩患者の取締行幸を前に活動	和歌山新報 3/6
	天刑病者を一斉に取締る　来る十日から三日間	紀伊新報 3/7*

備考：(和) は和歌山地方版。
*は『和歌山の部落史　史料編近現代1』に収録されているもの。

の側に「タモ」と注記された小屋が描かれている。[24]

一九二〇年（大正九）五月に内務省衛生局調査課が編纂した「各地方ニ於ケル癩部落、癩集合地ニ関スル概況[25]」には、和歌山県内の「癩部落、癩集合地ノ所在地」のひとつに、「伊都郡応其村内」が挙げられている。高野山への参詣道沿いにある応其村には、二月から五月にかけて参詣者を目当てに全国から「乞食」が集合する場所があり、その中にハンセン病患者が含まれていた。全生病院で書記をしていた毛涯鴻が一九三一年（昭和六）に作成した「癩患者ノ浮浪状態[26]」にも、「高野ニハ常ニ百人カラノ乞食患者ガアル。数回ニ亘リ浮浪者狩ヲシテ外島保養院へ収容セシメタガ、青天竺ノ自由ヲ欲スル彼等デアルカラ幾何モナク同所ヲ逃走シテ浮浪ノ旅ヲツヾケテ居ルノデアル」とあり、たびたび取り締まりを実施して患者を外島保養院へ送致していた。一九二〇年代の新聞には、新高野街道で警察が実施した「癩患者狩り」に関する記事が確認できる（表1）。

一九二一年五月二二日に実施された「癩患者狩り」は、

高野村神谷から不動坂の山林で、変装した妙寺・高野・橋本警察署員によって実施された。捕えられた「乞食」七〇人のうち、三五人のハンセン病患者が翌二三日に外島保養院に送られた。[27] 一九二三年には三月と四月の二回にわたって和歌山県警察部が中心となって「癩患者狩り」を実施した。一回目は「沿道に跪坐して金銭をねだつて居る癩病患者数十名」が検挙され、取り調べを受けた上で、外島保養院へ移動するために高野口駅内の「貸切貨車内」に収容された。二回目には警官三七人が二手に分かれて出動し、ハンセン病患者は五三人を含む「浮浪人百十名」を検挙した。[28] 患者はその日のうちに高野口に移動し、翌早朝に警察官一五人が付き添って外島保養院に移動した。

和歌山県内から外島保養院にハンセン病患者を送致する場合の手続きを規定した「癩病患者送致ニ関スル件」によれば、移動に船舶が利用される場合もあった。患者の身柄は鉄道の場合は難波駅で、船舶の場合は安治川口で引き渡されたが、送致担当者は外島保養院まで患者を護送した時点で手続きが完了することになっていた。あらかじめ到着日時と汽車、船舶の消毒が必要な部分が到着地の警察署に通報された。送致中に必要な食器は患者の所持品を使用することになっていたが、患者が食器を持っていない場合には留置人用のものを使用させ、患者の引き渡し後消毒して送致担当者が持ち帰った。

［史料2］ 癩患者送致ニ関スル件（明治四二年九月九日／衛第四千二百七十号警察部長通達）[29]

癩患者ヲ外島保養院ヘ汽車、船舶ニテ送致スル場合ニ於テハ本年六月訓令第十六号取扱手続ニ依ルノ外尚ホ左ノ通措置スヘシ

記

一、汽車輸送ハ難波駅ニテ船舶輸送ハ安治川口著船地ニ於テ患者ノ身柄ヲ交附シ送致官吏ハ外島保養院迄患者ヲ護送シ引渡ノ手続ヲナスヘキコト

一、汽車、船舶ニ対シテハ先方警察官署ニ於テ消毒スヘキニ付到著地、到著日時、消毒ヲ要スル部分等汽車ニ在リテハ護送警察署船舶ニ在リテハ安治川水上警察署ヘ通報スルコト

一、輸送乗船ノ際ハ当該官署ノ証明書ヲ船長ニ交附スルコト

一、汽車、船舶ニ於ケル患者ノ座室ハ駅長、船長ノ指定ニ依ルヘキコト

一、送致官吏又ハ附添人ハ輸送途中専ラ患者ノ取扱ヲナスヘキコト

一、輸送途中ニ於ケル患者ノ食器寝具等ハ予メ患者ニ携帯セシメ患者ニ所持品無之場合ハ留置人用等ノモノヲ仮用シ患者引渡後消毒ヲ受ケ送致官吏ニ於テ携帰スヘキコト

一、輸送途中消毒ニ要セシ費用ハ送致諸費トシテ倶ニ請求スルコト

一九二九年（昭和四）には、六月の昭和天皇行幸に先立ち、三月一〇日から三日間にわたり全国一斉に「浮浪徘徊ノ患者」の取り締まりが実施された。この期間の取り締まりでは、自宅で療養中の患者についても「警察署ヲシテ多衆集合スル場所又ハ客ノ来集ヲ目的トスル場所ニ出入セシメサル様厳重視察」の対象とされた(30)。

［史料3］は、大正期に高野街道に設けた「天幕、莚覆ひ等の小屋」に居住していたハンセン病患者の状態を報じたものである。

［史料3］『紀伊毎日新聞』一九二三年四月二六日

高野山の癩病乞食は　働人□足の収入　資産家が療養旁々の乞食

既報、伊都郡高野山に参詣の登山客の懐を当てに例年春の候、同登山街道に□く乞食の群は驚くべき数に上つてゐる。内でも癩病患者は見晴らし茶屋下より神谷、苅萱堂附近の谷を根城として三々伍々天幕、筵覆ひ等の小屋に群居するを以て風紀取締上のみならず、衛生上中々忽に出来ないので、例年の如く去る三月二十三日一斉に八十余名を取押さへ大阪府下外島癩患者療院へ送つたが、当時洩れたもの多き所へ近頃来山した者も尠からず、而も頻々たる高野山の怪火は彼等の所為と噂されるに至り、月は変れども日は同じ二十三日に第二回目の癩患狩りを行つたことは昨報の通りであるが、これ等癩病乞食は日に一人当り三円乃至四円収入あり、飲食の如き頗るおごつたもので、小屋附近には茹卵やサイダーの空瓶など堆く積んでゐて、中には元□職を務めた者や資産家の者もあつて、実家より送金を受けて療養旁々乞食をしてゐるといふ風変りなものもあつたと。

高野街道のハンセン病患者について、「相当富裕な者」もあり、「生活には窮しないが、病気のため世間体が悪いので斯く山中に逃込んで乞食の真似をしてゐる」、また金欲しさに「此等忌むべき病者に淫売する女」があり、「風紀を紊してゐた」と報じる記事もあり、(31) 風紀上、衛生上の問題を強調した記事が多く見られる。このような「癩患者狩り」の様子を報じる新聞記事も、ハンセン病患者に対する人びとの偏見をより一層助長させていったのではないだろうか。

3　「癩患者収容所」の設置

高野街道のハンセン病患者については、一九二八年（昭和三）ごろから和歌山県会でも議論となっていた。[32]一九三〇年（昭和五）一二月の通常和歌山県会では、県会議員の井上紀男が昭和四年度の癩予防費について質問している。質問に答えた参与員の植野秀雄は和歌山県警察部の衛生課長で、一九二六年（大正一五）一一月に着任し、一九三二年（昭和七）一月に島根県へ転任した。[33]植野は、東牟婁郡四村（よむら）村の湯の峰温泉にあったハンセン病患者専用の温泉場（下湯）が村会の決定により一九三〇年に廃止された後、同温泉で湯治をしていた患者たちが群馬県の草津に移転するきっかけを作った人物である。[34]

［史料4］　昭和五年通常和歌山県会議事速記録　第一一号

○二十七番（井上紀男君）〔中略〕モウ一ツ衛生費ノ中ニ癩予防費ヲ設ケラレテ居リマスガ、前日来私共ハ決算ノ調査委員ニ選バレマシテカラニ、四年度ノ決算ノ調査ヲ致シマシタガ、此調査ニ依リマスト茲ニ七千六百九拾七円ト云フ費用ヲ要求セラレテアルノデアリマスガ、a実際ニ於テ県ガ此癩予防ニ向ツテ経費ヲオ使ヒニナツテ居ラヌト思フノデアリマス、独リ我ガ県ノミデハアリマセヌガ、此我ガ大日本ニ於テ何レノ土地へ参リマシテモb名所デアルトカ、旧蹟デアルトカ言ツテ観光客遊覧客ノ沢山集マリマス所ニハ必ズ付物致シマシテ癩患者ガ沢山集マリマス、其例ヲ申シマスレバ高野山ノ如キ、又海草郡ノ紀三井寺ノ如キ、何レニ参リマシテモ目障リニナルモノハ彼ノ癩患者ノ醜態ヲ暴露シテ居ルコトデアリマス、是等ノコトハ実ニ外国人カラ見テドウ云フヤウニ感ゼラレルデアリマセウカ、高野山ノ沿道ニ於テモ哀レナル所ノ癩患者ガ醜態ヲ現ハシテカラ金ノ無心ヲ言フテ居ルノデアリマス、之ニ向ツテ県ガ唯一時ノ飯ノ上ノ蠅ヲ追フヤウニセラレルダケデアツテ、徹底的ノ予防ト云フヤウナコトヲ行ワレテ居ラヌト思フノデアリマス、是ハ成ルベク私共ト致シマシテハ相当県ト致シマシテc本県ノ此名誉ノ上カラ申シマシテモ、和歌山県トシテ斯ノ如キコトハ甚ダ醜態デアルト存ジマス、是ノ相当ナル取締リヲ望ムモノデアリマス〔後略〕

○参与員（地方技師植野秀雄君）〔中略〕ソレカラ二十七番議員〔＝井上紀男、筆者注〕ニオ答ヘ致シマスガ、此癩予防費ノ四年度ノ決算ニ於テ、大変金ガ残ツテ居ルデハナイカ、其決算ノ上カラ見レバ金ヲ癩予防費ニ使ツテ居ラヌヤウニ思フガト云フヤウナ御質問ノヤウニ拝聴致シマシタ、d其残ツテ居ル金額ハ壱万四千円余ノ金デアリマスガ、是ハ将来外島保養院拡張ニ要スル、本県トシテノ分担金デアリマシテ、未ダ拡張サレルヤウニ進渉（捗）シテ居リマセヌノデ、大阪府トシマシテモ急イデソレ〳〵患者ノ相当数ヲ収容サレルヤウニ早ク出来ルヤウニ促進サレテ居ルノデアリマス、目下残ツテ居リマスノハ拡張費ノ分担金ノミデアリマス、ソレカラ癩ノ予防ニ付テハ御尤モナ点デアリマスガ、是又一面ニ於テ恐縮致シテ居リマスガ、e何様癩患者ハ本県在籍者デハアリマセヌデシテ、此近附近ノ入込ミノ浮浪徘徊ノ癩患者デアリマシテ、洵ニ手ニ逐ヘヌノガ多イノデアリマス、f高野山トシマシテモ（転軸）金剛峯寺ト警察署ノ間ニ協議ヲ重ネラレマシテ、近ク警察署カラ約十二町北ノ方ニナツテ居リマス天竺山ノ発電所ガアリマス、其所ニ十五名乃至二十名ヲ収容シ得ル建物ヲオ立テニナルト云フコトニ決ツタサウデアリマス、デアリマスカラ今後ハ其建物ガ出来次第ニアノ山ニ来テ、見附カツタト云フ言葉ハ悪イカ知レマセヌガ、癩患

者ハ総テ其処へ住ツテ貰ツテ路傍其他ニハ出テ貰ハヌヤウニ確ト打合セガ出来テ居ル次第デアリス、g
其他紀三井寺方面ノ癩患者ニ対シテハ予防上出来ルダケ努力致シタイト考ヘテ居リマス。

井上の質問は、①昭和四年度の県の癩予防費が使い足りないのではないか（傍線部a）、②高野山や海草郡の紀三井寺のような名所旧蹟で「癩患者ノ醜態ヲ暴露」している様子は目障りであり、外国人の目から見てどう思われるか（傍線部b）、③②のような状態は和歌山県の「名誉」にとって「醜態」であり、相当の取り締まりを要求する（傍線部c）、という三点に要約できる。これに対し植野は、①の問題については、癩予防費は、当時計画されていた外島保養院の拡張工事が進展しておらず、分担金が残っているためと説明している（傍線部d）。②に対しては、高野山周辺のハンセン病患者は、和歌山県在籍者ではなく、他府県から来た人が多いので取り締まりが困難であるとしながらも（傍線部e）、③の要望に対して、高野山では金剛峯寺と警察署が協議した結果、「浮浪徘徊ノ癩患者」を収容する施設の設置が決まり（傍線部f）、紀三井寺についても予防上の努力をしたい（傍線部g）、と回答している。

傍線部fの収容施設は、翌三一年四月に転軸山の麓に設置された。この施設は「放浪患者」が参詣者などの目に触れないように（「癩患者ハ総テ其処へ住ツテ貰ツテ路傍其他ニハ出テ貰ハヌヤウニ」）、一時的に収容する施設であった。この頃になると、高野山電気鉄道の営業開始（一九二九年）と極楽橋―高野山間のケーブルカー開通（一九三〇年）により、九度山―女人堂間の山道を通行する参詣客は激減しており、「乞食」は山内への入り口にあたる不動坂の女人堂付近に集中するようになっていた。

〔史料5〕『和歌山日日新聞』一九三一年四月二四日

高野山奥の院に　癩病乞食収容所　金剛峯寺で建設し　収容者に三十銭の食費

高野登山者が一番不愉快に感ずる例の癩病患者の乞食には金剛峯寺当局でも悩んでいたが、従来彼らの収容所である保養所だけでは到底収容し切れぬため今度奥の院——高野警察署から二十町も離れた鬱蒼たる山林中に五十二坪の癩患者臨時収容所を建設することとなり、目下県当局を通じて主務省へ出願中であるが、高野山の登山者は一年に約七十万人に達し、就中四、五の両月は最も参詣人多く浮浪の癩患者はこの参詣人を目がけて蝟集し、九度山から女人堂迄の沿道二里に亘つてぞろ〳〵付き纏ふは全く不快極まるもので、従来警察当局では屢々一斉取締りをやつて外島療養所へ送つていたが——しばらくするとすぐ戻つて来て依然徘徊し丁度飯の上の蠅を追ふやうなもので効果なく——昨年高野電鉄が女人堂迄開通してからのちは登山客の七割迄が電鉄によるため、最近では前記九度山、女人堂間の沿道では乞食が出きなくなり、癩患者は申し合せたやうに、女人堂附近に集まつている。

猶右臨時収容所の収容力は男子十五名女子五名で、収容者には一日三十銭の食費を与へるのであると。

同日付の『大阪朝日新聞・和歌山版』の記事によれば、五二坪は敷地全体の面積で、建物の規模は「間口六間奥行割間」であった。この施設については『日本医事新報』の英文欄にも掲載されており、県外でも注目されていたと考えられる(35)。

高野山に「癩病乞食収容所」が設置された一九三一年前後は、日本のハンセン病政策において大きな転換点となった時期にあたる。一九三〇年に内務省は「らい根絶二〇年計画」を採用し、岡山県に国立療養所長島愛生園が開園した。一九三一年三月には、ハンセン病患者の隔離方針を国民に浸透させるために財団法人癩予防協会が設立され、四月にはすべてのハンセン病患者を収容するために「癩予防ニ関スル件」が大改定されて、「癩予防法」が成立した。「癩予防法」成立後、地域のハンセン病患者をゼロにすることを目標として、官民一体となって行われた「無癩県運動」により、絶対隔離政策が推し進められていくことになった。

長島愛生園嘱託の宮川量は、園長の光田健輔から「高野山一帯に浮浪してゐる百数十名の癩者」の状態を視察し、都合によっては入園希望者をまとめて収容するようにとの命令を受け、一九三一年五月に高野山を訪れている[36]。高野口の駐在所で状況を確認すると、「いつもならこれから女人堂まで百とはきかぬ病者が立ならぶのであるが今年は高野警察署の取締厳重のせいか、たかぐ〳〵十人位のものでせう」とのことであったが、駐在所員に愛生園の絵葉書を渡し、「将来もし癩者来らばこの楽園のあることを教へ給へ」と懇願して高野山上へと向かった。途中、宮川は小谷をまたぐ橋の下に住んでいた四人のハンセン病患者に出会い、「黎明第一輯の絵葉書」を手渡し、療養所への入所を勧めている。山上に到着後は金剛峯寺の事務所と高野警察署を訪れ、隔離への理解と対策を依頼している[37]。高野署長から「こゝでも二度ばかり外島に送つたことがあるが、手続がめんどうなため、結局は追払ひ主義を唯一の方法としてきた」という説明を聞き、手続きの煩雑さについて「無理もないこと、思ふ」と記している。転軸山の収容施設について宮川は、「本年申し訳的な仮収容所を作つて盛に宣伝して曰く『乞食してゐるとその中にぶち込むぞ』と、今年に至つて集る病者の激減は確かにそれに起因すると、何と簡単明瞭な病駆逐策であるまいか」と批評し、「我々は従来の煩雑な手続きを一切要しないで、何人でも一まとめにして送ると云ふ国立療養所の新式収容に就て語り、例によつて印刷物を進呈して」高野山を去った。

［史料6］は、一九三一年一二月の和歌山県会における癩予防費に関する井上紀男と、同じく県議の道浦若八の質問である。

［史料6］昭和六年通常和歌山県会議事速記録　第九号

○二十八番（井上紀男君）（中略）今一ツ県ノ衛生費ニ就テ私大イニ当局ニ敬意ヲ表シマシテ感謝シナケレバナラヌ事柄ガアルノデアリマス、ソレハ癩予防費ノ問題デアリマスガ、昨年ノ県会ニ於テモ私共其ノ事ヲ委シク申上ゲマシタガ、独リ我ガ和歌山県ノミデハアリマセヌガ、日本全国孰レノ土地ニ参リマシテモ名所旧蹟ノ所ヘ行クト必ズ醜イトコロノ癩患者ガ自分ノ醜体ヲ曝シテ物ヲ貰ツテ居ル、実ニコレハ我ガ国体ノ上ニ於テ恥辱ナリト存ジマス、殊ニ高野山ノ如キ、長イ沿道ニ癩患者ガ皆列致シマシテ、サウシテ自分ノ醜イ処ヲ曝ケ出シテ参詣客ニ哀レ味ヲ乞フテ居ル、之レハ是非取締ツテ貰ハナケレバナラヌ、コレハ同胞トシテ保護シナケレバナラヌモノト思フ、之レマデ度々当局ニ於テモ意ヲ用ヒラレマシテ、コノ癩患者ヲ収容致シマシテ外島保養院ノ方ヘオ送リニナツテ居ルガ、向フニハ設備ガ足ラナイタメ常ニ収容スル事ガ出来ナイデキル、又向フノ出入ハ自由ニ出来マス故ニ一度送ツテモ直グ帰ツテ来ル、恰モ飯ノ上ノ蠅ヲ追ツテ居ル様ナ状態デアツタノデアリマス、之レハ所謂誰方カ仰セラレマシタガ、他力ヲ以テ自ラ外島保養院ト聯合デ経営シテ居ル所ニ収容セントスル斯ウ云フ事デアツタノデアリマス、a幸ヒ県当局ハ英断ヲ以テ今度高野山ニ収容所ヲ設ケラレマシテ所謂自力デ以テ致サレマシタノデ、本年ハ御承知ノ通リ高野山ヘ御参詣ナサレマシテモ道デ一人ノ癩患者モ見受ケル事ハシナイノデアリマス、洵ニコノ事ヲ綺麗ニ整理セラレマシタ事ハ私ハ我々県民ト致シマシテ或ハ同胞ノ保護セラレ、救護セラレルトイフコトガ斯ノ如ク徹底シタコトガ出来タ事ヲ洵ニ感謝スルモノデアリマス、デヤハリ斯ノ如キ事ハ県自体ニ於テ之レヲヤラレル事ガ最モ適切デアルコトヲ証スルモノデアリマス、然ルニ予算デ承リマスレバ、コノ癩療養所ノ分担ノ経営費ニ於テ七千幾ラ、臨時一万四千幾ラ、合計二万幾ラト云フモノガ外島保養院負担金トシテ表レテ居ルノデアリマス、之レハ或ハ協定ガ出来テ居ルタメニサウ云フ事ヲシナケレバナラヌカモ存ジマセヌガ寧ロb効ヲ奏シナイ外島保養院ヘ分担シテ納メルヨリモソノ金ヲ以テ県自体デ癩患者ヲ収容シ救護スル事ニシテ貰ヒ度イ、所謂コノ聯合会カラ脱退セラレル事ガ出来ナイモノデアルカドウカト云フ事ヲ承リ度イノデアリマス

○二十二番（道浦若八君）〔中略〕次ギニ私ノ申上ゲタイノハ井上先輩ノ申サレタ癩患者ノ事デゴザイマス、之レヲ県衛生課トシテ警察ト協同シテモウ少シ徹底シタ取締ヲシテ戴キタイト思フノデアリマス、大阪ニ於テハ、井上君ト議論スルヤウデ悪ルイガ、井上君ト全然反対デアリマス、和歌山県ニ於テハサウイフコトハ全然出来得ナイ、c和歌山県ノ人ナレバヨイガ、他カラ出テ来テ高野山ニ参ルノデアル、高野山ニ参レバ癩病ガ治ルノダトイツテ他県カラ集ツテ来ル、彼等ノ一ツノ頼リトシ治ルモノデアラウカト思ツテ来ルノガ高野山デアル、之レハ信仰ノ力ニ依ツテ治ヲセルト考ヘテ来ルノガ高野山デアル、又一ツ医術的ニ彼ノ温泉デ以テ治ルト考エテ来ルノガアノ新宮方面デゴザイマスガ、依ツテ他県人ガ多ク集ツテ来ル、コノ癩患ヲ和歌山県ガ捕ヘテ収容シナケレバナラヌノデアルカラ費用ノ上カラシテ県民ノ負担ガ増シテ来ルコトヲ信ジテキル、故ニ大阪ニ以テ行ツテ之レヲ約束シタイトイフコトハ何人ガ為スツタカハ知ラナイガ実ニ当ヲ得タルモノト信ズルモノデゴザイマス、故ニモツト徹底シタ取締ヲシテ

和歌山県ニハサウイフモノハ一名モ居ナイ何時和歌山県ニ観光ノ団体ヲ組織シテ来テモサウシタ見苦シイ者ヲ見ナカツタト云フヤウニシテ頂キタイ、斯ウ云フ事ヲ申上ゲルト同時ニd癩患ニ犯サレル処ノ人ニ対シテハ断腸ノ思ヒヲシテ同情スルモノデゴザイマス、同ジ人類トシテ此ノ世ニ生レテ来テ同ジ陛下ノ赤子ト生レテ来ナガラ五十年ノ人生ヲ社会人トシテ闊歩スルコトガ出来ナクシテ一定ノ場所ニ捕護（保）ト言ヒマセウカ、留置ト言ヒマセウカ、収容ト言ヒマセウカ一定ノ区域ニ限ラレマシテ人トシテ束縛サレルトイフコトハ洵ニオ気ノ毒ナコトデアリ断腸ノ思ヒニアルモノデアルト云フコトヲ御承知願ヒタイノデアリマス、eソレカラ患者ニ対シテ年ニ数十回ニ亘ツテ、社会ノ出来事ヲ知ラシテ、色ンナ慰安ヲ以テ活動写真デモ其ノ他有ラユル設備ヲ致シマシテ、セメテ彼等五十年ノ生活ニ何ントカ現在ノ文化ヲ味ハシテヤツテ頂ケル設備ヲ為シ得ラレルカ、ドウカト云フコトヲオ伺ヒ致シタイノデアリマス、私ノ質問ハ之レヲ以テ終ルノデゴザイマス

○参与員（地方技師植野秀雄君）二十八番議員ニオ答ヘ申上ゲマス、癩予防費ノ各府県ガ分担シマス費用ハオ話ノヤウニ年々相当ニ多額ノ費用ヲ負担シテ居リマス、是レハ御存知ナイカトモ存ジマスガ、内務省令デ大体全国ノ癩患収容ノ区域ト云フモノヲ五区ニ分タレテ居ルノデアリマス、ソレデ本県ハ第三区ニ這入ツテ居リマス、先日私ガ二府九県ト申シマシタノハ此ノ機会ニ二府十県ニ改メマス、茲ニ二府十県ガ外島ニ関係シテオリマス、随ツテ関係府県ハ大阪府当局ノ配慮ニ依リマシテ、毎年協議会ヲ開キマシテ、関係府県ノ衛生課長ガ長官ノ代理トシテ之レニ列席シ、サウシテ予算其他ヲ審議シテ居リマス、勿論本県トシマシテハ常ニ癩患者ノ収容ノ少ナイコトヲ大イニ申シテ居リマスガ、是又御存知ノ通リ従

来ノ収容能力ト云フモノハ僅ニ四百名ヨリナカツタ所、今回初メテ六百名増シテ千人収容能力ノアル建物ガ出来上ルト云フコトニナツタノデアリマス、之レヲ夫レダケノ府県ガ分担スル費用ヲ以テ此ノ地方ニ建設シテハドウカト云フ御意見ノヤウニ拝聴シマシタガ、是ハ中々之レニ関係スル府県トシテハ余程深甚ノ考慮ヲ要スルモノデハナイカト存ジマス、幸ニ大阪府当局ノ斡旋ニ依ツテ最早拡張ノ時期ニ入リ既ニ着々ト其ノ事業ヲ進メラレテ居リマス、f行ク〳〵ハヨリ以上ノ患者ヲ本県カラ送致イタシテ収容サレル時期ガ来ルデアラウト考ヘテ居リマス、其ノ点ハドウカ左様御諒承ヲ願ヒタイト存ジマス、g此ノ機会ニ高野ノ癩患者ガ一名モ沿道ニ出ナクナリマシタコトニ就テ大変オ賞メノ言葉ヲ頂イテ恐縮ニ存ジテ居リマスガ、尚ホ県下デイツモ問題ニナツテ居リマシタ本宮警察署内デアル湯ノ峯デアリマス、是レモ本年ノ九月デアツタト記憶シテオリマスガ、親シク癩患者ヲ一箇所ニ集メマシテ私ガイロ〳〵説得シテ全部一名モ居ラヌヤウニ今度ハ国立ノ療養所ニ送致イタシタノデアリマス、サウ云フ関係デ其後同方面ヘモオ出デニナルト能ク分ルコトト思ヒマスガ、モウ湯ノ峯ハ癩患者ノ巣窟デナイト信ジテ居リマス、ソレカラ二十二番議員サンニオ答ヘ申シマスガ、慰安的設備ヲシテ居ルカ、ドウカト云フ御質問ニ承知イタシマシタ、是レハ外島ヲ一度ゴ覧ヲ願ツタラ分ルト思ヒマスガ、h慰安的方面ニ就テハ非常ニ最近完備シマシテ、殆ド家族的ニ慰安モサレ、説教モ受ケ演劇モ見セ、活動写真モ見セ、大体現在ニ於テ行ハレテ居ル慰安方法ハ私ノ見聞致シマシタ範囲デ完備サレテ居ルヤウニ存ジテ居リマス、二十二番サンノ御心配ノ点ハ私モ非常ニ共鳴シテ居ル次第デアリマスガ、慰安的設備ノ模様ニ就テハ只今申シタ通リ大体ニ於テ完備シテ居リマス、尚ホ適当ノ機会ニ於テ外島保養院ヲ御覧願ヒマスレバ大変仕合セダト存ジテ居ル次第デアリマス県議の井上紀男は、①「県当局ハ英断」をもって収容施設を設置したことで、高野山に一人の患者も見られなくなったことを評価し（傍線部a）、②連合府県立の外島保養院の経費を負担しつづけるよりも、連合を脱退し県として患者を収容・救護する施設を設けてはどうかと提案している（傍線部b）。①については、前述の宮川量の手記にあったように、警察の取り締まりが厳しくなったこととも関係するのであろう。同じく県議の道浦若八は、③高野山や湯の峰温泉に集まるハンセン病患者は他県出身の人が多く、連合府県立の外島保養院に収容するほうが適切である（傍線部c）、④療養所に隔離されている患者の境遇について「断腸ノ思ヒ」を抱くものであるから（傍線部d）、外島保養院の慰安設備が十分に整っているかどうか質問している（傍線部e）。

井上の質問②については、⑤外島保養院の増床計画について再度説明し、将来はさらに多くの患者の送致・収容が可能になると答え（傍線部f）、⑥高野山と並んで問題視されていた湯の峰温泉の状況についても報告している（傍線部g）。道浦の質問④に対しては、自分の見聞した範囲内では外島保養院での慰安方法は完備されているとしている（傍線部h）。［史料6］は、「県内にハンセン病患者（とくに「放浪患者」）がいなくなりさえすればよい」という、当時の和歌山県のハンセン病対策の方向性を示す史料であるといえよう。

なお、外島保養院は一九三四年（昭和九）年九月二一日、室戸台風による風水害で壊滅した。このとき和歌山県から収容された入所者のうち一四人が死亡、二人が行方不明となっている。[38]

ところで、県会で道浦若八が主張したように、もっと厳重に「放浪患者」を取り締まって、和歌山県から一人の患者をもなくし、観光客が「サウシタ見苦シイ者ヲ見ナカツタト云フヤウニシテ頂キタイ」という考え方は、一九三七年（昭和一二）三月に営まれた高野山壇上伽藍の根本大塔落慶法要を前に実施された取り締まりにも反映されている。

［史料7］『大阪朝日新聞・和歌山版』一九三七年三月二六日

大塔落慶法要目ざし　大阪からレプラ群　大慌てゞ防止策に苦心

高野山の大塔落慶法会を目ざし大阪市住吉署管内に屯してゐる浮浪癩患者十九世帯約六十名が大挙押かけ物乞ひするため車などを用意し出発の準備中であるとの大阪府からの報に、県衛生課ではスワ大変と二十五日朝県下各署に県内への立入りを取締る一方、県内在住癩患者約百二十名（自宅療養）についても十分監視し、〝観光和歌山〟をよごさないやう通牒を発し、万一大阪の患者群が県内に迫る時は消防・青年団などを動員、紀泉国境に防禦陣をはることゝなつてをり、一般大衆の協力を希望してゐる

大阪府から「大阪市住吉署管内に屯してゐる浮浪癩患者十九世帯約六十名が大挙押かけ物乞ひするため車などを用意し出発の準備中である」という情報を受けた県衛生課は、消防団・青年団も動員して「放浪患者」の県内への立ち入りを取り締まり、自宅療養中の患者についても監視の対象とし（観光客の目に触れることがないように外出が制限されるなどしたのであろう）、「〝観光和歌山〟をよごさないやう」通牒を発した。

この後、高野山周辺で大規模な「放浪患者」の取り締まりが行われたことを示す史料は見当たらなくなる。和歌山県を「よごさないやう」という意識は県内全体に広がっていたが、とくに高野山や湯の峰温泉、紀三井寺などの観光地の場合、「放浪患者」を排除しようという動向が顕著であったように思われる。

4　和歌山市周辺のハンセン病患者

和歌山県内には、高野山や湯の峰温泉のほかにも「放浪患者」が集まる場所があった。海草郡の紀三井寺と和歌山市外の北島橋である（いずれも現在は和歌山市）。

〇紀三井寺

江戸時代後期の国学者・本居内遠が著した『賤者考』には、癩者が集住する場所として「紀国紀三井寺村の辺」が挙げられている。[39]『賤者考』以外に、江戸時代の紀三井寺近辺に京都の物吉村のような集落が存在したことを示す史料は確認できないが、紀三井寺は西国三十三所観音霊場の第二番札所であり、［史料4］［史料6］にもあるように、高野山と同様、江戸時代から門前などで参詣者に物乞いしていた人びとの中にハンセン病患者が存在したことは確実であろう。明治三十年代の紀三井寺村では、陰暦正月・五月・九月一八日に「癩病平癒祈禱会」が行われており、参会者は「ヲ、クチボリ」と唱えながら病気の平癒を祈祷したという。[40]［史料8］は、一九三〇年代に紀三井寺で物乞いをしていたハンセン病患者が存在していたことを示す新聞記事である。

［史料8］『大阪毎日新聞』一九三二年四月一九日

癩患者が　病菌を撒く　紀三井寺の参詣道　金の手すりを消毒

花盛りの絶頂はすでに過ぎたが、相かはらず連日参詣人が雑踏する紀三井寺で歓楽に酔ふ人々の間に世にも皮肉な存在は、路傍でもの乞ひをする哀れな癩患者達であるが、これらの患者達が石段の中央の真鍮手すりに病菌に糜爛した手をかけて昇降し、恐るべき病毒を撒布しつゝあるとは何と身の毛のよだつ話ではないか―これに気づいた和歌山署では、十七日天羽巡査部長の機転で直に紀三井寺に警告して、一日に二回右真鍮手すりを石炭酸で消毒せしめることになつた。

ここでも、「恐るべき病毒を撒布しつゝあるとは何と身の毛のよだつ話」という表現が見られる。実際に行われた消毒の光景と合わせて、人びとにハンセン病＝恐ろしい病気というイメージを与えたであろう。

○北島橋

一九四〇年（昭和一五）七月、熊本市の本妙寺周辺に住んでいたハンセン病患者一五七人が一斉に検挙された（本妙寺事件）。一九四一年には群馬県草津町にあったハンセン病患者のための病院である聖バルナバ医院の閉鎖に引き続き、同地湯の沢の「らい自由村」が解散した。聖バルナバ医院の患者や湯の沢の住民は栗生楽泉園に収容されることになった[11]。

一九四一年七月二四日の早朝、和歌山署と県衛生課の署員・職員が、紀ノ川に架かる北島橋の下に住んでいた人びとを包囲し、ハンセン病患者の捜索を行った。その結果、子どもを含む一四人の患者を岡山県の光明園に送致し、空家は焼却された。

［史料9］『和歌山新聞』一九四一年七月二五日

癩患部隊を急襲　北島橋下に暁の掃蕩戦展開　和歌山署の〝清郷作戦〟

紀ノ川北島橋下を永住の地と定め人の世の情けによつて生計を樹て丶ゐた癩患者の特殊部落、人呼んで河原部落の人達、なかでも、伝染病である癩患者の処分については和歌山署でも長らくの懸案で、頭痛の種となつてゐたが、戦時下の今日何時までも捨て丶置くべきでないといふので、遂に二十四日左の如く断乎たる処置に出た。すなはち同署では県衛生課と協力して二十四日午前四時、森脇署長が陣頭に立つて武装姿に身を固めた署員三十名を指揮し、一方県衛生課長以下係員もこれに参加して総計五十名が暁を衝いて北島橋に至りその橋下にならぶ十八、九戸の部落を包囲、四十八名の家族を検診、うち十四名の患者を発見して引揚げたが、これらの患者は同日午後二時二十八分市駅発で岡山県光明園の国立癩療養所に送致した。これで懸案の癩患者も漸く解決出来たわけである。

［史料10］『大阪毎日新聞・和歌山版』一九四一年七月二五日

癩患者光明園へ

和歌山市紀の川北島橋附近の磧に住む癩患者の一群は、廃品回収等を業としてゐるが、病的弊害が少くないので和歌山署では廿四日午前四時森脇署長以下署員卅余名が現場に立会ひ、代表者某と懇談の結果、岡山県の長島の国立癩療養所光明園の保田医官、堀県衛生課長以下課員十余名が同部落の廿戸四十七名の診断を行つたところ七戸十二名（大人十名、小人二名—男九名女三名、夫婦二組）が癩患者と断定され代表者からこれらの人々を説得した結果、いづれも自発的に国民優生法の趣旨に従ひ、宿命の人々に健康な愛児二名を加へた十四名は加太署管内の一患者と共に住み馴れた部落に別れを告げ、同日午後二時廿八分和歌山市駅発省線特別仕立の列車で奈良を経由、岡山の光明園に向つた。いづれも光明園において療養の生活に入るが住み馴れた紀の川磧を去る人々の姿は映画〝小島の春〟にも似た〝光と影〟の浮彫だつた。なほ空家になつた七戸は焼却することになり、これで県下の浮浪癩患者は姿を消した。

北島橋下の集落の検挙により、和歌山県内の「浮浪癩患者」は姿を消したという。和歌山県衛生課が一九四〇年度に実施した調査によれば、県内には九三人の自宅療養中のハンセン病患者がいたが、翌年に光明園が国立に移管したことを契機として、県は自宅療養者に対しても極力説得して療養所への入所を勧め、「無癩県の建設」を目指そうとしている[42]。

おわりに

江戸時代の高野山には、禿法師と呼ばれたハンセン病患者の集団が存在した。また、高野山周辺に集まって物乞いをしていた人びとの中にもハンセン病患者が含まれており、明治以降もそのような人びとの姿が見られた。法律の制定により、しだいに「放浪患者」の取り締まりが強化され、一九二〇年代には高野街道でたびたび警察による「癩患者狩り」が実施され、多くの患者が外島保養院に送致された。さらには法律の改定や「無癩県運動」の開始と相俟って、県会では患者の地域からの排除・隔離を念頭に置いた議論が交わされるようになっていった。前近代からハンセン病と関わりが深かった高野山や湯の峰温泉から患者が排除され、一九四一年七月に北島橋下に居住していたハンセン病患者が光明園に送致されたことにより、和歌山県には「放浪患者」がいなくなったとされる。

現在、「無癩県運動」の実態解明と検証が自治体単位で進められており、国や自治体だけでなく、隔離することに加担した市民の責任も問われている。[43] 和歌山県には、ハンセン病患者が存在しなかったのではなく、患者を地域から排除していったことで、その存在が忘れ去られてしまったのであり、そのこと自体が問題なのである。

付論1
和歌山県とハンセン病問題——戦後の新聞記事から

和歌山の部落史編纂に向けて、部落問題など、さまざまな人権問題に関する新聞記事を調査・収集しています。それらの中から、戦後の和歌山県におけるハンセン病問題に関する史料をご紹介したいと思います。

ある新聞記事から

一九六五年（昭和四〇）一〇月、ハンセン病全快者のための里帰り施設の建設が和歌山県議会で決定されました。同じ月の新聞には、「ハンセン氏病　全快者里帰りに陰の力　宿泊施設やっと実現　西さん夫婦の提唱実る」（『朝日新聞和歌山版』一九六五年一〇月一五日）という記事が掲載されています。

当時、県衛生部公衆衛生課専門技術員で、ハンセン病担当官だった西栄一さんは、ふるさとへの思いをつづった全快者からの手紙を読むたびに、里帰りの制度化と、宿泊施設の建設を県に訴え続けていました。その結果、西さん夫妻が食事など宿泊者の一切の世話を引き受けることを条件として、ようやく県は宿泊施設の建設を決定したのです。

無らい県運動

新聞記事の中で「戦後の混乱期はハンセン氏病に対する一般の偏見もいまより以上に強かった」と、西さんは語っています。

一九四九年頃、和歌山県衛生部（当時）はハンセン病に対して、「患者の職業や住居地その他の事情で公衆にその病毒伝播のおそれあるものには強制収容して伝播を防いでいる」（『和歌山新聞』一九四九年四月二日）という方針をとっていました。

翌年6月には、「患者の自覚を促すと共に一般民衆に対するライ病予防の徹底を図」ることを目的とした、〝ライ患者予防デー〟、〝癩撲滅運動〟が実施されています（『紀南新聞』一九五〇年六月一三日）。「癩は伝染病であり、患者を徹底的に隔離して置けば数十年もすれば絶滅するものであるから患者の肉親者はもちろん近所の人々の協力を県では要望して居る」（『紀伊民報』一九五〇年七月六日）というものでした。

ハンセン病患者の強制隔離の背景には、無らい県運動があります。「無らい県」とは、すべてのハンセン病患者を隔離し、放浪患者や在宅患者がひとりも存在しない県を意味します。その「無らい県」を実現するため、患者を強制的に療養所に収容しようとする、官民一体の運動が無らい県運動でした。「近所の人々の協力」とは、具体的には、強制隔離を徹底するために、患者の氏名や所在を都道府県に密告することだったと考えられます。

無らい県運動は、戦前・戦後にかけて継続して行われました。一九五〇年（昭和二五）には、ハンセン病根絶を目指して、全国一斉に「未収容らい患者」の実態調査が行われ、これを受けて厚生省は、各都道府県に、「未収容らい患者」の一掃を指示し、収容状況を毎年報告することを義務付けました。

戦後の第二次無らい県運動は、戦前の運動よりもいっそう隔離が強化され、強制隔離を明文化した「らい予防法」の制定（一九五三年）につながっていくことになります。

無らい県運動が各地で展開するなかで、患者本人だけでなく、患者の家族に対してもそれまで以上に激しい差別や偏見のまなざしがむけられるようになり、無らい県運動はハンセン病から回復した人びとの故郷への受入れを困難にした原因のひとつとなったと考えられます。

小野真次知事とハンセン病

また、当時の小野真次知事（任期：一九四七年四月～六七年四月）には、ハンセン病問題に関するエピソードが残っています。（和歌山県議会議事録、平成一八年二月定例会・第七号）。

和歌浦にあったインマニエル皮膚病院の院長が、ハンセン病は薬で治る病気であり、強制隔離はよくないと知事に進言したことがきっかけとなり、県のハンセン病担当官だった西さんは、社会生活をしながらハンセン病の治療薬を受け取ることができる方法を考え出しました。

その方法というのは、患者をいったん療養所に入所させ、二か月ほどで軽快退所させるというやり方です。この場合、籍は療養所に残ったままなので、薬を受け取ることができたのです（当時、治療薬のプロミンは療養所に入所していないと使用できませんでした）。この方法によって、二十数人が在宅で回復することができたということです（朝日新聞「企画特集ハンセン病はいま」・二〇〇六年五月一九日）。

ところが今度は、療養所から自宅に戻った人たちに対する人権侵害が問題となりました。そこで県は、一九五七年（昭和三二）、一時帰郷した人びとのために宿泊所を設け、県の職員を配置しました。この宿泊所には、患者と家族のための面接所も併設されていました（『和歌山県政史』第4巻）。なお、西さんは近年、旅館やホテルが、里帰りの人たちの宿泊を拒否したという事実があったことを証言しています（「第18回ハンセン病問題検証会議議事録」）。

ハンセン病の医学的治癒（菌陰性）者の中で、強制収容によって、家族の受入れが困難となった人々の一時帰省を都道府県が肩代わりする「里帰り事業」は、一九六四年（昭和三九）に鳥取県ではじめて実施され、この動きは全国に広まりました。和歌山県の場合は、一九七二年（昭和四七）以来、療養所入所者の里帰り事業が続けられています。

療養所を軽快退所し、在宅で治療を続けていた人も、治療薬は岡山県の療養所までもらいに行かなければなりませんでした。最初の頃は知事の公用車を使って岡山まで移動していたのですが、公用車を使用することに対して批判があったので、のちには小野知事が自腹で購入した自動車で移動するようになりました。このとき、知事から車を買って、岡山へ行くように言われたのが西さんでした。

ある日、このような方法は「法律に違反しているのではないか」と質問された小野知事は、「何言うとんのや。人の命が一番やないか。国に法律があろうと何しようと、人の命は一番や」と答えたといいます。

里帰りの実現へ

一九五二年（昭和二七）、全国国立ハンセン氏病療養所患者協議会（全患協）が、「らい予防法」の改正試案を決議、議員立法として国会に提出することも決定しましたが、実現にはいたりませんでした。

一九五八年（昭和三三）には、厚生省がハンセン病軽快者の退所基準を発表し、翌年東京で開催された第七回国際らい会議で、強制隔離政策の全面破棄が勧告されます。同じ年、アメリカ統治下の沖縄では、強制隔離とともに軽快退所・在宅治療が明記されたハンセン氏病予防法が公布されています。

和歌山県内の動きを見ると、新聞記事には救らい事業や療養所入所者の慰問に関するものがほとんどですが、一九六二年（昭和三七）六月の新聞紙上では、県予防課ライ予防係が、全快者が社会復帰した例をあげ、ハンセン病は不治の病や遺伝病ではなく、伝染病で、早期発見・治療により全快する病気だと説明しています（『紀伊民報』一九六二年六月一九日）。

このような社会的な流れの中で、ハンセン病全快者のための里帰り施設の必要性が訴えられたと考えられます。『和歌山県政史』によれば、一九六六年（昭和四一）、和歌山県は全国に先がけ、それまで他の業務との兼務だったハンセン病予防事務担当者を、ハンセン病担当の専門職としています。六七年以降は、政府のハンセン病予防事業の重点が入所患者とその家族の福祉に置かれるようになり、県では一時帰郷者のための宿泊所を活用して、六〇年代には年間のべ二〇人の入所患者の里帰りが実施されていたことがわかっています。

“社会的な治癒”をめざして

ハンセン病に関する法律や制度が整備される一方で、患者や、病気から回復し、ふるさとへ帰ってきた人びとに対する差別や偏見が完全になくなることはありませんでした。

「らい予防法の廃止に関する法律」が一九九三年（平成一五）に公布され、二〇〇一年には、「らい予防法」違憲国家賠償請求で原告が勝訴、政府は「らい予防法」の誤りを認め、元患者に謝罪しました。

ところが二〇〇三年、熊本県の黒川温泉でハンセン病元患者のホテル宿泊拒否事件が発生し、その後の元患者への中傷事件とともに、今なおハンセン病に対する誤解や偏見、元患者に対する差別が残っているという事実を私たちの目の前につきつけました。

宿泊拒否事件の渦中にいた回復者のひとりは、「ハンセン病は医学的には治癒した病気であるけれど、社会的には治癒していない病気」だと語っています。[*] 残念なことに、誤解や偏見によって患者やその家族が差別されている病気は、ハンセン病の他にもたくさんありますが、〝社会的に治癒していない病気〟にかかっているのは私たちなのです。私たち一人ひとりがこのことを自覚し、差別をなくすために実践する必要があることを改めて痛感しています。

＊太田明「ハンセン病と人権」（『部落解放史ふくおか』第一一五号、二〇〇四年九月）。二〇〇三年当時、太田さんは国立療養所菊池恵楓園入所者自治会長をつとめていた。

付論2
外島保養院の記憶をのこすために

外島保養院記念碑

大阪市西淀川区中島二丁目の中島川の堤防沿いに、「外島保養院記念碑」という石碑が建っている。この記念碑は、一九九七年（平成九）に国立療養所邑久光明園入園者自治会が「らい予防法」廃止（一九九六年）の記念事業として建立したもので、かつてこの場所に公立のハンセン病療養所・外島保養院が存在したことを示す唯一の痕跡である。

大阪府泉北郡への移転反対運動と施設拡張

一九〇七年（明治四〇）に制定された法律第一一号「癩予防ニ関スル件」の規定にもとづき、全国を五区に分けて、それぞれの区に公立のハンセン病療養所が設立されることとなった。和歌山県は近畿・北陸などの二府一〇県（大阪・京都・兵庫・奈良・三重・滋賀・岐阜・福井・石川・富山・鳥取・和歌山）からなる第三区に含まれ、一九〇九年四月一日に大阪府西成郡川北村大字外島（現・大阪市西淀川区中島二丁目）に「第三区連合府県立外島保養院」（以下、外島保養院）が開設した。

和歌山県内では、一九二一年（大正一〇）ころになると、しばしば「癩患者狩り」などと称して高野山の参詣道路などで放浪していたハンセン病患者を警察が強制的に外島保養院に収容するようになっていた。

外島保養院の開設当初の定員は三〇〇人であったが、入所者の増加にともない、施設を移転拡張する必要が生じた。

一九二六年（大正一五）、移転先として大阪府泉北郡の丘陵地帯（現・泉北ニュータウン）が選ばれ、ひそかに用地の買収が進められたが、移転予定地の町村長を先頭に反対運動がまきおこり、村民大会や郡民大会が行われた。鳳町（現・堺市西区）の役場では出生・死亡届以外の業務停止も辞さない構えで大反対運動が展開された。一九二七年には、「一般公衆のこうむる精神上の脅威、産業ならびに衛生上の損害がすこぶる大きい」として、衆議院に療養所移転取消し請願書が提出された（三宅美千子「大阪とハンセン病ゆかりの地」『部落解放』六八三号）。このような猛烈な反対運動の結果、泉北郡への療養所移転計画は頓挫し、ほかの候補地も見つからなかったので、一九三一年（昭和六）に外島保養院の敷地の隣接地を買収して現地で施設を拡張することが決定した。一九三三年一二月には、男子軽症舎

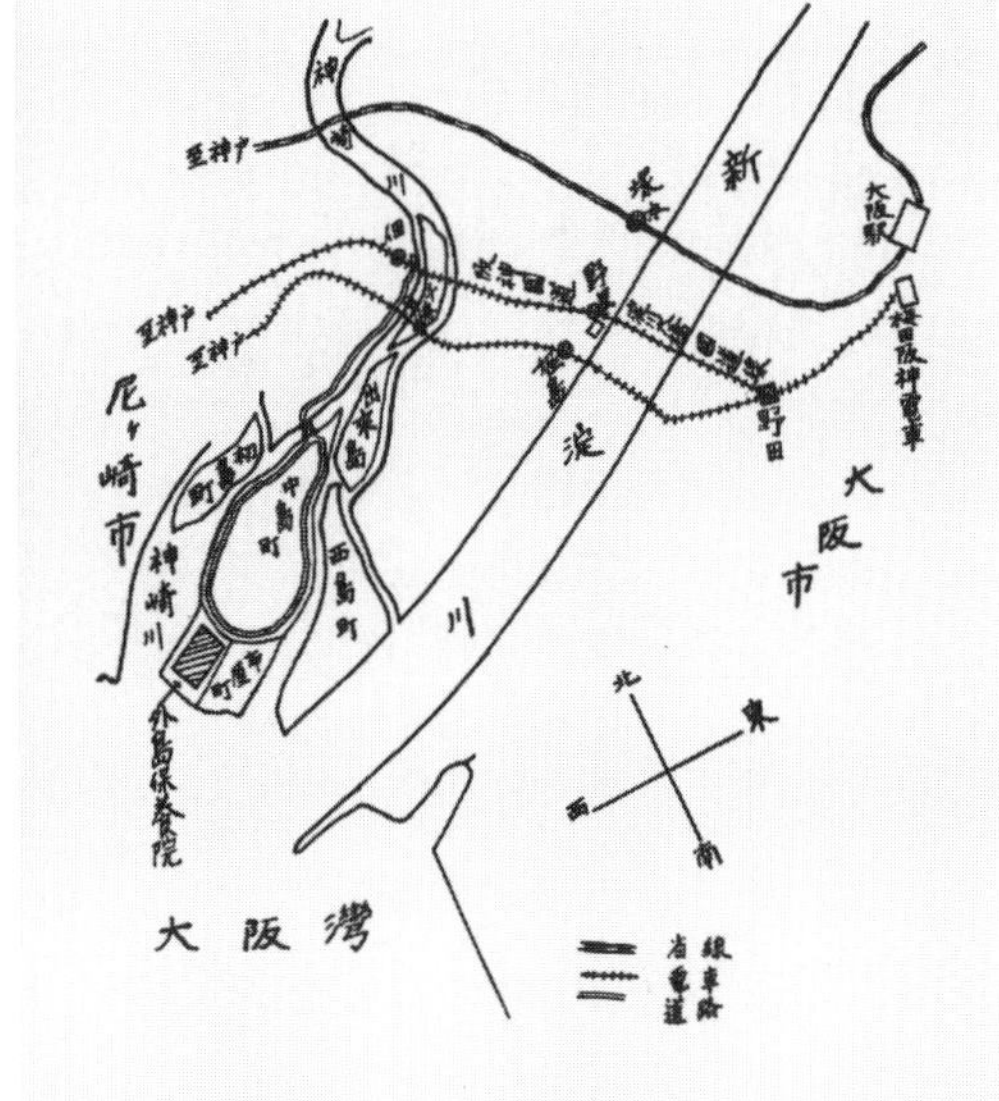

図１　外島保養院の所在地（『風水害記念誌』）

など26棟が完成し、一〇〇〇人の収容が可能な施設の完成が目前となっていた。

室戸台風による壊滅的被害

ところが、一九三四年（昭和九）九月二一日に最大風速六〇メートルという室戸台風が関西地方を襲い、完成したばかりの建物を含め、外島保養院の施設はそのほとんどが倒壊・流失した。

翌年発行された『風水害記念誌』に入所者の阿部礼治が寄稿した手記には、被害の様子が生々しく記されている。

此の時、病人を何うする、病人を何うすると云ふ附添の叫び声。暴風に和して聞いた。今は一大事一瞬も躊躇する時でない。全患者を院の前なる堤防に避難さすべく院内に飛び込み保田先生と廊下で会ひ大至急正門より全患者を避難させよと要求した。此の時は既に海岸の堤防は破壊されてゐた。何しろ院と患者との境界線は非常な障碍をなして、思ふ様に避難出来ず、漸くにして破られた数ケ所より青年団、婦人会、軽症者等は、病者を背負ひ、盲人を引張って潮の如く押寄せた。入口は修羅場の如く悲痛の叫び今尚身の奥に残つてゐる。

夫れより又引返し病室に行き、隔離一号室に行つて驚いた。重症者殆ど此隔離一号室に集つて足の踏み入るすきも無い有様だ。之は大風の避難所として此所に集まつた様である。危険々々濁流は其所まで襲来してゐる。早く逃げよ〳〵と叫んだ。今折角此所まで避難した多数の重病者の中にも津浪と聞いて又其所を這ひ出して浪に呑まれた者もあり附添に負はれ引かれ乍ら諸共に溺れる者もあつた。青年会や婦人会の手も充分此所まで届かなかつた事は、又已むを得ぬ事であろう。

（阿部礼治「幸か不幸か」）

台風による外島保養院の犠牲者は一八七人にのぼった（患者一七三人、職員三人、職員の家族一一人。このほか、施設拡張工事関係者九人が犠牲となった）。これは、当時入所していた患者のうち約三分の一が死亡または行方不明という大惨事であった。昭和九年度当初の時点では、外島保養院には和歌山県から送致された四一人の患者が入所していたが、そのうち一四人がこの台風で死亡し、二人が行方不明となっている（『外島保養院年報昭和九年』）。

職員の官舎があった区域と病舎があった区域は厳重に区切られており、病舎があった区域から外部に出るには、左門殿川（神崎川）の堤防につながっていた北西隅の裏門が唯一の道であった。裏門脇には見張所があって、一度入所した患者は簡単に外に出ることはできなかった。台風で療養所内に水が押し寄せた時ですら、そこにいた職員はこの門を開けることをためらったという（『風と海のなか　邑久光明園入園者八十年の歩み』）。阿部礼治の手記にもあるように、官舎と病舎を隔てる障壁も避難のさまたげになった。

外島保養院があった場所は、神崎川の支流と大阪湾河口のデルタ地帯で、現在でも海抜ゼロメートル地帯と呼ばれる地域である。西淀川区の室戸台風被害者のうち、約八割が外島保養院の犠牲者だったといわれているが、このような立地にあったことも被害を拡大させた一因といえるだろう。

犠牲者の遺体は火葬され、遺骨は関係者に引き取られた。関係者不明等の理由により引き取り先が見つからなかった三三柱の遺骨については、尼崎市内の寺院に保管が託された（『大阪府風水害誌』）。なお、この三

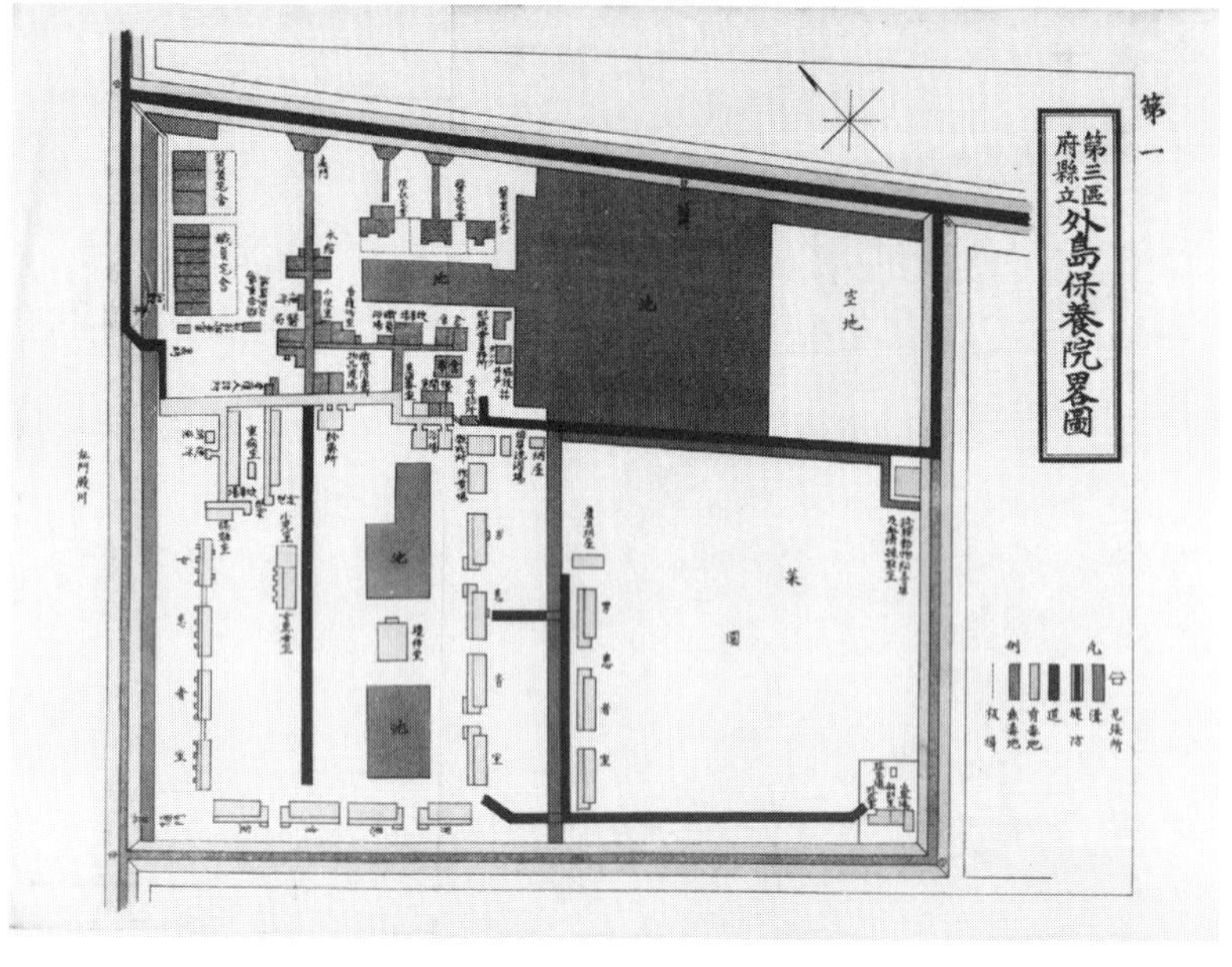

図２　拡張前の外島保養院　左下に堤防につながる裏門と見張所が描かれている（『統計年表 大正13年度』）

三柱の遺骨については、現在所在がわからなくなっているという。

外島から岡山県・長島へ

台風の翌日には、生存者を救護するために仮施設が設置されたが、長期間の対応は不可能との判断により、外島保養院が再建されるまで四二四人の患者は各地の療養所に分割委託されることになった。

結局、住民や議会などの反対により、元の場所はおろか、大阪府内や第三区内でも外島保養院再建は実現しなかった。岡山県邑久郡裳掛村の長島（現・岡山県瀬戸内市）に「光明園」（現在の邑久光明園）として再建されたのは台風から約四年後の一九三八年（昭和一三）のことである。

外島保養院が第三区の二府一〇県内に再建されなかったということは、自分たちの地域に療養所を建設することを認めず、ハンセン病にかかった人たちを地域から排除したということを意味する。一九三一年に改定された「癩予防法」のもとで、ハンセン病患者の絶対隔離を推進するために「無らい県運動」が展開したが、これは文字通り患者ゼロをめざすというもので、各道府県が競い合って患者を療養所に隔離した。外島保養院の再建・移転は、このような時代背景のなかで展開していたことも忘れてはならないことである。

外島保養院の歴史をのこす会

現在、ハンセン病回復者やその家族に対する偏見・差別を克服するための取り組みが続けられている。政府は二〇〇九年（平成二一）度から、ハンセン病療養所入所者等に対する補償金の支給等に関する法律（ハンセン病補償法）の施行日である六月二二日を「らい予防法による被害者の名誉回復及び追悼の日」と定め、厚生労働省主催による追悼、慰霊及び名誉回復の行事を行っている。全国の公・私立療養所では在園者の高齢化が進んでおり、差し迫った課題として療養所の将来のあり方が問われている（二〇一五年五月現在の平均年齢は八三・九歳）。

毎年九月二〇日ごろに、「外島保養院記念碑」の前では関係者による犠牲者の追悼行事が行われている。大阪に外島保養院があった当時のことや、室戸台風の被害のことを知る人は少なくなり、記憶の風化が進んでいる。そこで、二〇一四年（平成二六）九月に室戸台風による外島保養院の壊滅から八〇周年を迎えたことを機に、「外島保養院の歴史をのこす会」が立ち上げられた。この会は、ハンセン病患者を排除・差別した歴史を反省し、同じあやまちを繰り返さないように、そして外島保養院で生きた人びとのことを忘れないために、外島保養院の記録や記憶を将来に伝える活動に取り組んでいる。

社会学者の好井裕明は、在日朝鮮人や韓国人の存在を否定するヘイトスピーチを取り上げて、かつては学校の授業のなかや日常のなかで、差別が語られ、「他者」をどう「わかろう」とすべきかが伝えられていたが、「今は、こうした知が確実に教育の場、社会啓発の場から消え去ってしまっているように思う」と危惧し、ヘイトスピーチのような差別的な営みを無効化するためには、当事者の歴史や文化、現実、運動についての基本的な知識や理解は必須であると指摘している（好井裕明『差別の現在　ヘイトスピーチのある日常から考える』）。

好井の指摘は、ハンセン病問題についても共通する点があるように思う。著者自身、数年前までハンセン病問題は自分とは関係のない、他人事だと感じていた。しかし、回復者や家族の話を聞き、さまざまな文献や資料を読むことで、和歌山県にハンセン病療養所は設置されなかったからといって、けっして過去にこの問題と無関係であったわけではないし、現在のこされている課題にも向き合わなければならないという考えを持つようになった。

ハンセン病問題に関する啓発・教育については、今後さまざまな課題に直面することが予想される。「外島保養院の歴史をのこす会」による新たな資料や証言の発掘や、これまで蓄積された「知」をさらに深めることは、それらの課題を解決することにつながると考えている。

註

Ⅰ－一　近世高野山の女人禁制

（1）女人禁制の成立・変容・維持に関する研究史については、鈴木正崇『女人禁制』吉川弘文館、２００２年、を参照。

（2）「金剛峯寺日並記」は、江戸時代の高野山を構成していた三派の僧侶集団（学侶・行人・聖）のうち、学侶方の年預代という役職の僧侶が、享保一〇年以降幕末まで代々書き継いだ日記である。詳細は、『和歌山の部落史　史料編前近代1』の解説および『通史編』を参照。

（3）以下、日野西眞定による高野山の女人禁制に関する主要な論文については、次のように略記する。

日野西A：「高野山の女人禁制に関する史料とその解説（1）」『密教文化』第１１５号、１９７６年9月。

日野西B：「高野山の女人禁制（上）・（下）」『説話文学研究』第27・28号、１９９２年6月・１９９３年6月。

日野西C：「高野山の結界と女人禁制などのタブー（3）」『霊宝館だより』第97号、２０１１年2月。

（4）『紀伊続風土記』第5輯、歴史図書社、１９７０年、29～34頁。以下、引用箇所を示す頁数は同書による。

（5）『紀伊名所図会』東洋書院、１９９１年、第2巻、659頁。なお、高野山に関する記述がある三編は、天保九年（一八三八）の成立。

（6）日野西眞定編集・解説『野山名霊集』名著出版、１９７９年、326頁。

（7）『紀伊続風土記』第4輯、325頁。また、「谷上山堂　又女人堂と云、当院支配なり、嶽山又は神谷口の間道の右手にあり」（同291頁）という記述も見える。

（8）『和歌山の部落史　史料編前近代1』Ⅱ－一－59（以下『史料編前近代1』と略記）。宇野主水は本願寺第一一代顕如の右筆。

（9）著者は一無軒道治。本稿では国立国会図書館デジタルコレクション（http://dl.ndl.go.jp/）で公開されているものを利用した。

（10）「南遊紀行」は、『東路記　己巳紀行　西遊記』新日本古典文学大系98、岩波書店、１９９１年、を参考にした。「南歩の記行」については、同書の148頁の注を参考にした。

（11）『日本林制史資料』第23巻、朝陽会、１９３３年、16～20頁。

（12）女性による道中日記の概要については、柴桂子『近世おんな旅日記』吉川弘文館、１９９７年。

（13）「春埜道久佐（はるのみちくさ）」前田淑『近世女人の旅日記集』葦書房、２００１年。解題によれば、山梨志賀子（一七三八～一八一四）は、駿河国庵原村（現、静岡市清水区）の酒造業山梨家の主婦で、五五歳の時に息子らとともに駿河から近畿、山陽、四国地方を旅した。

（14）青柳周一「自芳尼「西国順拝名所記」（一）」『滋賀大学経済学部附属史料館研究紀要』36号、２００３年3月。解題によれば、原題は「安政元甲寅三月廿日出立 西国順拝名所記」（嘉永七年は一一月二七日に安政に改元）で、自芳尼は柴田家（彦根藩の足軽の家か）の出身かとされる。

（15）新城常三『新稿 社寺参詣の社会経済史的研究』塙書房、１９８２年、888～899頁。同書によれば、高野山のほか本願寺に参詣する越後国の女性も多く、女性の参詣を支える「彼女等の経済力も一応考慮されよう」としている。

（16）中橋家文書「日次記」宝暦二年六月二五日条（九度山町史編纂委員会編『改訂九度山町史』史料編別冊1、九度山町、２０００年。以下、中橋家文書「日次記」は同書からの引用）。この女性は山上の本中院谷明王院の檀家で、男児は宝性院門主により「峯之助」と名付けられた。

（17）『史料編前近代1』Ⅲ－二－33、35。先にあげた正徳四年の「山林法度条々」（註11）の、「七口の山之堂」に女人客に対し「奉公人」に雑言（悪口）を言わせないようにという指示も、この問題と関連すると考えられる。

（18）日野西B。

（19）『史料編前近代1』Ⅲ－二－106。

（20）『史料編前近代1』Ⅲ－二－107。

（21）『史料編前近代1』Ⅲ－二－105、106など。

（22）中橋家文書「日次記」宝暦三年三月一〇日条。銀子は智貞尼が「四国八拾八ケ所本尊」を建立するために人びとから集めた勧化銀である。智貞尼は明和三年（一七六六）に慈尊院の大師堂（現、四国堂）を完成させており、おそらくこの一件が解決したのち、建立に成功したのであろう（今西耕爾編『紀伊名所新案内』三宅文昌堂、１９１０年、44頁）。九度山町史編さんだより「九度山の民俗（６）」http://www.town.kudoyama.wakayama.jp/dd.aspx?menuid=1588、２０１５年7月21日に確認）。

江戸時代は女性が出訴する場合には差添人が必要とされたが、智貞尼の願書には慈尊院村の中橋勘之丞が加印している（石井良助『近世民事訴訟法史』創文社、１９８４年、11～12頁。同書については安竹貴彦より教示を得た）。

（23）『紀伊続風土記』第4輯、209頁。相浦口・大峯口・黒河口は閑道という理由で下乗札は立てられていなかった（同210頁）。

（24）『史料編前近代1』Ⅲ－二－93。

（25）源淳子編著『女人禁制Q＆A』解放出版社、２００５年、105頁。現在、この結界石は撤去されているという。

黒河口につながる黒河村の住人は高野山奥之院灯明の油を補給する役目を担っており、高野山を支えるために日常的に黒河口（道）を通行していたとされる。また、黒河村の女性が、やむを得ない理由で結界を越え、奥之院の燈籠堂にある貧女の一灯の油を足しに入ったという逸話が残っている（和歌山県教育委員会編『高野山結界道、不動坂、黒河道、三谷坂及び関連文化財学術調査報告書』和歌山県教育委員会、２０１２年）。

(26) 日野西A。門と乱杭の設置については、年未詳六月の「興山寺役人の覚」による。日野西は「和佐峯」を轆轤峠に比定している（日野西C）。

(27) 日野西B。日野西は、このお札は穢れを払う不浄札かとしている。

(28) 野上町誌編さん委員会編集『野上町誌』上巻、野上町、１９８５年、口絵。

(29) 神亀壽「御遠忌の話」『高野山時報』第６６７号、１９３３年８月。天明四年の遠忌には、男装した女性が山内に立ち入り、伽藍を参詣したところを役人に見つかり、その「詫り一札」が残っているというが、筆者は未確認である。なお本文中で引用した文章は、著者・神亀壽が調査した古文書にもとづいており、［史料３］と同内容の文書も引用されている。

(30) 日野西B。

(31) 水原尭栄『女性と高野山』小堀南岳堂、１９１４年。［史料７］は、同書に掲載された写真版をもとに翻刻し、書き下し文に改めた。

(32) 日野西Aに、関連史料として年未詳三月二四日「年預坊から院主坊への覚」が紹介されている。道心者は、山上の庵室や長屋に住居し、堂塔の香華・燈明の管理、鐘撞、寺院の掃除などに従事していた僧体の人びとである（『紀伊続風土記』第５輯、30～31頁）。

(33) この山之堂は建物ではなく、山奴・山人などとも呼ばれた「山上の非人番」を指している。山之堂は七口での胡乱者の取り締まりや山番などに従事し、女人堂に滞在した女性たちの世話もしたとされる（『紀伊続風土記』第４輯、463頁、同第５輯、34頁）。

（34）中橋家文書「日次記」延享二年六月一九日条。

（35）『史料編前近代1』Ⅱ－一－26。同記録によると「俄雷電降雨シケル事」によって、女性たちが結界を越えたことが判明したとする。女性が女人禁制の場所に立ち入ると天候が悪化するという伝承は全国各地で見られる。

（36）荒木繁・山本吉左右編注『説経節』平凡社、１９７３年、82頁。都藍尼のように、女人結界を超えようとして成しえなかった女性の伝承は各地に伝わっており、高野山の場合は、空海の母親が、わが子に会うために女人結界を越えて高野山に登ろうとして果たせなかったという伝承が残る。

Ⅰ－二　浄土真宗の尼講――紀伊国の事例から

（1）カトリック教会の父権的なあり方を批判したメアリ・ディリの一連の研究が先駆的研究として知られている。日本の状況については、岡野治子「フェミニスト視点からの日本宗教批判」（奥田暁子・岡野治子編著『宗教のなかの女性史』青弓社、１９９３年）を参照。

（2）大越愛子『叢書　現代の宗教11　女性と宗教』岩波書店、１９９７年。日本仏教が内包してきた性差別についてフェミニズムの立場から批判した研究に、大越愛子・源淳子・山下明子『性差別する仏教』法蔵館、１９９０年、がある。

（3）代表的な論集に、大隅和雄・西口順子編『シリーズ　女性と仏教』全4巻、平凡社、１９８９年、総合女性史研究会編『日本女性史論集5　女性と仏教』吉川弘文館、１９９８年、がある。１９９１年以降の個別の著書、雑誌論文については、「女性と仏教研究文献目録抄」『国文学　解釈と鑑賞』第69巻6号、２００４年、を参照。

（4）西口順子「女性と仏教・軌跡と動向」『国文学　解釈と鑑賞』第69巻6号、２００４年。

（5）『日本女性史論集5　女性と宗教』の解説を参照。

(6) 加茂順成「真宗的伝道――「御文」と「講」の仕組みに学ぶ」『印度學佛教學研究』第60巻2号、2012年。

(7) 真宗新辞典編纂会『真宗新辞典』法蔵館、1984年、の「講」の項目を参照。

(8) 千葉乗隆編著『仏教婦人会百五十年史』仏教婦人会総連盟、1982年。同書では、西本願寺の史料をもとに、各地で結成された尼講を紹介している。また、女性門徒が組織化された起因については、念仏勤行の集会の場において男女の同座を禁じた規範（「念仏勤行の日、男女同坐すべからず」）から、門徒が増加し、集会への参加者が多くなったことによる男女の風紀の乱れに配慮した結果、女性だけの「念仏の日」が設定されるようになったとしている（74頁）。個別の尼講を扱った論考には、沖縄の尼講（中山国尼講）の構成員や活動を明らかにした、知名定寛「沖縄における真宗の展開――中山国尼講について」『神戸女子大学紀要　文学部篇』17、1984年、がある。

(9) 現在、紀州藩牢番頭家文書編纂会『城下町警察日記』清文堂、2003年、『城下町牢番頭仲間の生活』清文堂、2009年の2巻が刊行されている。

(10) 千葉乗隆編『本願寺史料集成　木仏之留 御影様之留』同朋舎、1980年、の解説を参照。

(11) 『城下町牢番頭仲間の生活』第5章－二。

(12) 『城下町牢番頭仲間の生活』の解説を参照。なお、『和歌山県海草郡岡町村村誌』1933年、によれば、善行寺は寛永一一年（一六三四）の開基とされる。

(13) 久三郎、久次郎は吹上非人村の長吏の名前である。銀二〇匁を納めている「久二郎」は、吹上非人村の久次郎と同一人物であろう。『城下町牢番頭仲間の生活』第6章を参照。

(14) 『城下町牢番頭仲間の生活』第5章－4～10。

(15) 『城下町牢番頭仲間の生活』第5章－3。

(16) 『城下町牢番頭仲間の生活』第5章－8～10。

(17) 藤本清二郎「城付かわた村と牢番頭仲間・肝煎仲間」『近世身分社会の仲間構造』部落問題研究所出版部、2011

年、第7章。

(18) 註13。

(19) 一檀家当たりの上納割当金を平均約一〇分の一両、銭に換算して六二〇文と算出し、一般の勧化金（一戸当たり二〇~五〇文）や、伊勢神宮の式年遷宮の特別奉加金（約一〇〇文）と比較している（奈倉哲三『真宗信仰の思想史的研究』校倉書房、1990年、66頁）。

(20) 元禄一一年九月~元禄一四年一〇月「薬師堂再建勧進奉加帳」『かつらぎ町史　近世史料編』、1988年。なお、同史料には、「一同拾匁　皮田共」という記載があり、地域の寺社と被差別民の関わりを考えるうえでも注目される。

(21) ［表1］のうち、「吉助長屋　さご」については、牢番頭家文書中に同名の人物が確認できる（『城下町警察日記』元禄一三年二月二四日条）。ただし、すぐ後の箇条にも、まったく別人と考えられる同名の「さご」という人物が登場するため断定はできない。近世の女性の資産運用のあり方については、河野淳一郎「『公私日記』にみる幕末期名主の妻」総合女性史研究会編『日本女性史論集6　女性の暮らしと労働』吉川弘文館、1998年（初出は『幕末の農民群像』横浜開港資料館、1988年）で、名主の妻が夫とは別個の資産を有し、利貸しなどの金融活動を行っていた事例が紹介されている。

(22) 近世の被差別身分の女性については、西木浩一「近世「賤民」身分の女性をめぐって」『日本女性史論集1　女性史の視座』吉川弘文館、1997年（初出は『歴史評論』479号、1990年）、下女・後家については、長野ひろ子「農村における女性の役割と諸相」女性史総合研究会編『日本女性生活史　第3巻　近世』東京大学出版会、1990年、などの研究がある。また、渡邊忠司「近世社会と離婚女性——在方無高百姓養女の場合」『佛教大学　歴史学部論集』創刊号、2011年、では、無高百姓層の「シングルマザー」の実態が取り上げてられている。前近代の被差別身分や社会的弱者の立場にある女性について、暮らしや生業など生活の実態から検討するという課題が残されている。

(23)『城下町牢番頭仲間の生活』第3章－17。

(24)『城下町牢番頭仲間の生活』の解説を参照。

(25)門徒の子どもの集まりと考えられるが、詳細は不明である。

(26)『城下町牢番頭仲間の生活』第3章－18

(27)左右田昌幸「史料紹介　摂津国東成郡荒生村常宣寺所蔵史料について」『大阪の部落史通信』39号、2006年。

(28)『和歌山県那賀郡誌』上巻、1922年、1226頁。頼母子の一般的な事項については、『国史大辞典』および『岩波日本史辞典』岩波書店、1999年、の「頼母子」の項を参照。

(29)『城下町警察日記』には、頼母子の懸銭の回収などをめぐる不祥事が記録されている（元禄一二年六月五日条など）。註28の『和歌山県那賀郡誌』の記述からは、懸銭を回収できないまま講が解散し、大損害を被った事例があったことがわかる。

(30)『仏教婦人会百五十年史』91～94頁。

(31)『真宗史料集成　第6巻　各派門主消息』同朋舎、1983年、9広如集－18。

(32)『日本女性史大辞典』吉川弘文館、2008年、「五障三従」の項を参照。

(33)『仏教婦人会百五十年史』101～106頁。

(34)『仏教婦人会百五十年史』76頁。

(35)『仏教婦人会百五十年史』131～132頁。

(36)渡辺広「皮田部落における宗教の役割」『未解放部落の源流と変遷』部落問題研究所出版部、1994年。近世の被差別部落と本願寺教団に関する史料や先行研究について、近年の研究成果をもとに考察した論考に、藤原豊「仏教と差別――本願寺と穢寺制度」（寺木伸明・中尾健次編著『部落史研究からの発信　第1巻　前近代編』解放出版社、

２００９年）がある。

(37)「本照寺歴代住職御書集」日野照正『摂津国真宗開展史』同朋舎、１９８６年、をもとに作成した。

(38)『仏教婦人会百五十年史』119～121頁。同書では、紀伊国の場合、「国法に差支の廉々」と、鷺森御坊が本堂・堂舎の修復を計画しており、財政難であったことを理由に最勝講の組成が遅れたとしている。

(39) 註37。

(40) 現代では「…男尊女卑的な思想は清算していかねばならない。その意味で五障三従説はもちろん、変成男子説であっても、それを説かれた経典の真意をよく領解し、それを読誦し、解説するときには、女性蔑視の再生産におちいらないように充分に配慮すべきである」とされている（伝道院特定課題研究会『教学シリーズ№1　女人往生（第3版）』本願寺出版社、１９９３年）。

Ｉ－三　部落女性のくらし――和歌山の部落史の史料から

(1) 鈴木裕子「部落女性と解放運動」（黒川みどり編著『部落史研究からの発信　第2巻　近代編』解放出版社、２００９年）。

(2) 和歌山の部落史編纂会編集『和歌山の部落史　史料編近現代1』（以下、『史料編近現代1』）明石書店、２０１０年、Ｉ－一－37。

(3) 宮﨑恭子・髙嶋洋子編『部落女性のくらし――女性解放への道』和歌山人権研究所、２００４年、198頁。

(4) 金子マーティン「紡績工業における被差別部落婦人労働試論」『部落解放研究』40号、１９８４年7月。同論文によると、部落の女性たちは一二～一三歳から紡績工場で働きだした人が多く、年齢を偽ったり、親の名前を使って一一歳ぐらいで女工になった人もいた。岸和田紡績では一九三六年（昭和一一）六月に高知県の部落出身の女性に対する差別事件が発生し、水平社が糾弾闘争を展開した（岸和田紡績差別事件）。

（5）「和歌山県新平民現勢調査」（『社会』3巻3～4号、1901年3～4月）。なお、同史料は調査結果そのものが掲載されているのではなく、統計学者の「天口生」による分析や調査の不十分性についての指摘などが付されたものである。「和歌山県新平民現勢調査」の性格と成立の背景については、『和歌山の部落史　通史編』285～286頁を参照。

（6）『部落女性のくらし』198頁

（7）『史料編近現代1』Ⅰ－五－33。

（8）一九二〇年一二月発行の農商務省工務局工務課「工場通覧」による（『和歌山県史　近現代史料七』）。同史料によると那賀製糸工場は一九一七年二月設立、二〇年の従業員数は男性一七人・女一五八人となっている。

（9）和歌山県『矯風事蹟概要』（一九二〇年三月）。同史料の「第一五表　職業別表」によると、「諸会社職工」は日高郡のうち御坊警察署管内の三八戸、二三七人が最多である。西牟婁郡田辺署管内の五八人、二〇戸、周参見署管内の四人、一戸、和歌山署管内の五人、一戸と続き、その他の郡・所轄ではいずれも「無し」となっている。なお、皮革産業や履物製造業の従事者は別に集計されているので含まれていない。

（10）鈴木裕子『水平線をめざす女たち　婦人水平運動史（増補新版）』ドメス出版、2002年、106～111頁。

（11）「岡町村処女会の創立について　岡町村処女会長　刀禰静子（寄）」『和歌山新報』一九一九年九月一一日、「岡町村処女会の創立について　続」同一二日、「岡町村処女会より（上）（下）」同一九、二〇日。

（12）『和歌山県同和運動史　史料編』に「お、呪はれたる穢多村よ」の全文が掲載されている。

（13）朝治武「全国水平社創立の地下水」（畑中敏之・朝治武・内田龍史編著『差別とアイデンティティ』阿吽社、2013年）

（14）『史料編近現代1』Ⅰ－五－18。

（15）朝治武『差別と反逆　平野小剣の生涯』筑摩書房、2013年、116～117頁。

(16)『和歌山の部落史　年表・補遺編』Ⅱ－二－4。
(17)岡本弥『融和運動の回顧』光風文庫、1941年、292～294頁。
(18)「血と涙の悲壮な宣伝ビラ」『牟婁新報』一九二三年五月一七日。
(19)『史料編近現代Ⅰ』Ⅰ－五－30、31。
(20)『史料編近現代1』Ⅰ－五－42。
(21)『史料編近現代1』Ⅰ－六－2～4。
(22)『史料編近現代2』Ⅰ－五－1、『和歌山県同和運動史　通史編』200～202頁。
(23)『史料編近現代1』Ⅰ－六－18。
(24)『史料編近現代2』Ⅰ－五－4・16・17・19・21。
(25)『史料編近現代1』Ⅰ－七－2、『史料編近現代2』Ⅰ－五－8～10。
(26)部落問題研究所編『水平社運動史の研究』第6巻、部落問題研究所出版部、1971年、384頁。
(27)『史料編近現代2』Ⅰ－五－5～7・11。
(28)『史料編近現代1』Ⅰ－七－31・33、『史料編近現代2』Ⅰ－五－26。
(29)『史料編近現代1』Ⅰ－七－39・42。
(30)『史料編近現代1』Ⅰ－七－29。「農民婦人　二名に罰金」『紀南新聞』一九三一年九月三日。
(31)「神田署長等を告訴　切山支部の婦人連から」『紀南新聞』一九三一年七月二三日。
(32)小川龍一『紀南地方社会運動史――戦前（第三分冊）』、1972年、20頁。
(33)「無届けで雑誌発行　農民組合の女闘士取調」『紀南新聞』一九三三年五月二三日。
(34)小川龍一『紀南地方社会運動史――戦前（第三分冊）』43頁。
(35)『史料編近現代2』Ⅰ－五－18。

(36) 『史料編近現代2』Ⅰ－五－20。

(37) 『水平運動史の研究』第6巻、383～394頁。

(38) 「田辺貝釦工争議　持久戦に入る！」『紀伊新報』一九三一年五月一二日。

(39) 『史料編近現代1』Ⅰ－六－26・27。

(40) 『史料編近現代1』Ⅰ－六－28。

(41) 和歌山県同和会の設立経緯や活動については、『和歌山県同和運動史　通史編』および『和歌山の部落史　通史編』を参照。

(42) 『同和』第一八号、一九二六年一〇月一七日。

(43) 北野裕子「西本願寺の婦人融和事業再考」（千葉乗隆編『日本の社会と真宗』思文閣出版、1999年）。

(44) 『同和』第七一号、一九三一年六月一〇日。

(45) 『同和』第五三号、一九三〇年九月一〇日。

(46) 『同和』第五二号、一九三〇年七月一〇日。

(47) 『同和』第四八号、一九三〇年三月一〇日。

(48) 『和歌山県同和運動史　通史編』287～288頁。

(49) 『史料編近現代1』Ⅰ－二－58。

(50) 橋本市史編さん委員会編『橋本市史　近現代史料Ⅰ』橋本市、2001年、422頁。

(51) 『史料編近現代1』Ⅰ－二－68。

(52) 『史料編近現代1』Ⅰ－二－104・119、『同和』第五二号、一九三〇年七月一〇日。

(53) 『和歌山の部落史　年表・補遺編』Ⅱ－二－13。

Ⅱ－一　高野山と被差別民

（1）「高野山文書」とは、高野山真言宗・総本山金剛峯寺および高野山内の各寺院が所蔵する古文書の総称である。これまで、東大史料編纂所編『大日本古文書　家わけ第一　高野山文書』、高野山史編纂所原編『高野山文書』をはじめ、和歌山県内の市町村史などに翻刻文が収録されているが、多くは未整理の状態である。たとえば近年整理が進められている「勧学院文書」には、平安時代末期から明治初年にわたる史料が含まれるが、その総数は約二〇万点といわれている。

（2）近世初期以降、学侶方と行人方の間で寺領の配分をめぐる対立が続く状態にあったが、元禄五年（一六九二）に幕府が強硬に裁決を実行し、行人方をおさえて抗争を終結させた（「元禄高野聖断」といわれる）。元禄六年に最終的な所領の配分が決定し、以後は明治二年（一八六九）まで変更はなかった（学侶方九五〇〇石、行人方八六〇〇石、聖方二〇〇石、修理領三〇〇〇石）。近世の高野山寺領の成立過程と支配機構については、『かつらぎ町史　通史編』（かつらぎ町、２００６年）、『粉河町史』第一巻（粉河町、２００３年）、笠原正夫「天正の兵乱と近世高野山寺領の成立」（『鈴鹿国際大学紀要 Campana』16号、２０１０年）などを参考にした。

（3）高野山の女人禁制については、本書「Ⅰ－一　近世高野山の女人禁制」を参照のこと。

（4）紀州藩領内の史料では「皮田」と表記されることが一般的であったが、「金剛峯寺日並記」の表記は「穢多」「穢田」にほぼ限定されており、「皮田」と表記される事例は少ない（『史料編前近代1』解説を参照）。

（5）『かつらぎ町史　近世史料編』かつらぎ町、１９８８年、400～406頁

（6）『日本林制史資料』第23巻、朝陽会、１９３３年、16～20頁

（7）高野山の谷之者に関する先行研究には、渡辺広「谷の者考」（『未解放部落の史的研究』、吉川弘文館、１９６３年）、日野西眞定「奥院石塔を中心とする高野山信仰の諸問題（其の一）」（『密教文化』１００号、１９７２年）、日野西

眞定「高野山三昧聖の研究」(細川涼一編『三昧聖の研究』、碩文社、2001年、初出は1973年)、近年の成果として、藤井寿一「高野山「谷之者」の身分意識」(畑中敏之・朝治武・内田龍史編『差別とアイデンティティ』、阿吽社、2013年)がある。

(8)日野西眞定「奥院石塔を中心とする高野山信仰の諸問題(其の一)」。なお、高野山とハンセン病をめぐる問題については、本書「Ⅲ－二　高野山とハンセン病」で主に明治以降の状況について検討した。

(9)寛永一七年(一六四〇)四月二八日「高野山座頭法度写」(『大日本古文書　家わけ第一　高野山文書』第五巻333頁)。「金剛峯寺日並記」には、「和歌山座頭」「当山座頭」が法事の際に学侶方・行人方に施物を受け取りに来た時のことが記録されている(『史料編前近代』Ⅲ－二－83～86)。

(10)高野山寺領における刑事政策については、『史料編前近代1』の解説および『通史編』159～161頁を参照。

(11)原文には「帋献役手[并]四ヶ所[江]相頼」とある。「帋献役手」については不明であるが、「四ヶ所」は大坂もしくは堺の四ヶ所長吏を指していると考えられる。

Ⅱ－二　近世紀伊国の多様な被差別民

(1)渡辺広『未解放部落の史的研究』吉川弘文館、1963年、131頁。

(2)橋本市史編さん委員会編『橋本市史　近世史料Ⅰ』橋本市、2007年、132～171頁。

(3)加藤康昭『日本盲人社会史研究』未来社、1974年、54頁。

(4)串本町史編さん委員会編『串本町史　史料編』串本町、1988年、164頁。

(5)渡辺広『未解放部落の形成と展開』吉川弘文館、1997年、246頁。

(6)『橋本市史　近世史料Ⅰ』132～171頁。

（7）吉村旭輝「近世田楽法師の世襲と退転」『芸能史研究』203号、2013年。
（8）藤本清二郎「近世の聖＝おんぼう身分と村落」（細川涼一編『三昧聖の研究』碩文社、2001年）。
（9）森彦太郎編『紀州文献日高近世史料』臨川書店、1974年。
（10）『史料編前近代2』Ⅲ－二－23。
（11）『和歌山の部落史　通史編』250～254頁。
（12）かつらぎ町史編集委員会編『かつらぎ町史　近世史料編』1988年、382～428頁、同『通史編』576頁。
（13）谷之者については、本書「Ⅱ－一　高野山と被差別民」を参照。
（14）『史料編前近代2』Ⅲ－二－14。
（15）『和歌山の部落史　通史編』153～154頁。
（16）藤井寿一「田辺地域における「鉢坊」（おんぼう）の存在形態」（細川涼一編『三昧聖の研究』碩文社、2001年）。
（17）『史料編前近代2』Ⅲ－二－46。田辺同和史編さん委員会編『田辺同和史』第3巻、田辺市、1995年、9頁。
（18）註8および註12。
（19）森栗茂一「境界集落の渡世――隅田荘真土村」『国立歴史民俗博物館研究報告』69号、1996年。
（20）『和歌山の部落史　通史編』198～199頁。
（21）吉田栄治郎「近世夙村の被賤視解除の戦略をめぐって」『奈良県立同和問題研究史料センター　研究紀要』13号、2007年。
（22）『田辺同和史』第1巻、2000年、179頁。
（23）紀州藩牢番頭家文書編纂会編『城下町警察日記』清文堂出版、2003年、392頁。『田辺同和史』第3巻、90・107頁。
（24）『史料編前近代2』Ⅲ－二－50。逸木盛照「紀州民俗誌」（倉石忠彦他編『日本民俗誌集成』第15巻、三一書房、1997年）。

(25)『田辺同和史』第3巻、140～142頁。

(26)三鬼清一郎「近世初期における普請について」『名古屋大学文学部研究論集　史学』89号、1984年。服部英雄『河原ノ者・非人・秀吉』山川出版社、2012年、695～708頁。

(27)角川日本地名大辞典編纂委員会編『角川日本地名大辞典30　和歌山県』角川書店、1985年、による。「右京の町」は現在の和歌山市畑屋敷端ノ丁に含まれるという。

(28)『史料編前近代1』Ⅲ－二－80。

(29)和歌山市史編纂委員会編『和歌山市史』第6巻、1976年、672頁。

(30)紀州藩牢番頭家文書編纂会編『城下町牢番頭仲間の生活』清文堂出版、2009年、第4章－43～45。

(31)藤本清二郎『近世身分社会の仲間構造』部落問題研究所出版部、2011年、177～204頁。

(32)『城下町牢番頭仲間の生活』第3章－56。

(33)藤本清二郎『城下町世界の生活史』清文堂出版、2014年、207頁。

(34)『史料編前近代2』Ⅲ－二－39。

(35)広瀬浩二郎『障害者の宗教民俗学』明石書店、1997年、172頁。

(36)『史料編前近代2』Ⅲ－二－37・45。

(37)九度山町史編纂委員会編『改訂九度山町史　史料編別冊（一）』九度山町、2000年。

(38)『史料編前近代2』Ⅱ－二－35。

(39)『史料編高野山文書』Ⅱ－三－1、『史料編前近代2』Ⅲ－二－83～86。

(40)中川みゆき「座頭祝銭に関する研究ノート—座頭と寺院の争論」『奈良県立同和問題関係史料センター　研究紀要』第6号、1999年。

(41)大阪の部落史委員会編『大阪の部落史』第9巻、部落解放・人権研究所、2008年、361～363頁。

(42)『史料編前近代1』Ⅲ－二－80・82。

(43)藤本清二郎『城下町世界の生活史』263～266頁。

(44)『史料編前近代2』Ⅲ－二－18。『田辺同和史』第3巻、233頁。

(45)日野西眞定「奥院石塔を中心とする高野山信仰の諸問題（其の一）」『密教文化』100号、1972年。

(46)『史料編前近代2』Ⅲ－二－32。

(47)『史料編前近代2』Ⅲ－二－33。

(48)渡辺広『未解放部落の史的研究』吉川弘文館、1963年。『賤者考』の活字本は複数あるが、現在は『庶民生活史料集成　第14巻〈部落〉』（三一書房、1989年）が入手しやすい。

(49)『和歌山市史』第2巻、675頁

(50)手嶋一雄「近世後期国学における穢れと差別観念の考察」『部落問題研究』98号、1989年。

(51)『史料編前近代2』Ⅱ－五－40。

(52)『史料編前近代2』Ⅱ－五－4・11。由良守応は紀伊国有田郡の儒学者・漢詩人の菊池海荘に学び、明治四年には岩倉具視の欧米使節団に参加、その後は事業家として活躍した人物である。

(53)『史料編近現代2』Ⅰ－一－23、『和歌山の部落史　通史編』269～271頁。

(54)三尾八朔『天保年代物貰集』私家版、2009年。

(55)藤本清二郎『城下町世界の生活史』189～192頁。

Ⅱ－三　皮田村の生業と生活

(1)『和歌山の部落史　通史編』明石書店、2015年、76頁。

(2) 渡辺広『未解放部落の史的研究』吉川弘文館、1963年、など。

(3)「北栄のむかし」編集委員会編『北栄のむかし』、1978年、33頁。

(4)『北栄のむかし』33頁。

(5) 和歌山の部落史編纂会編集『和歌山の部落史　史料編前近代2』明石書店、2013年、Ⅳ－一－2。

(6) 渡辺広『未解放部落の形成と展開』吉川弘文館、1977年、310〜319頁。

(7) かつらぎ町史編集委員会編『かつらぎ町史　通史編』かつらぎ町、2006年、883〜884頁。

(8) 日前神宮国懸神宮編『官幣大社日前神宮国懸神宮本紀大略』日前神宮国懸神宮、1916年。

(9) 和歌山県日高郡役所編『和歌山県日高郡誌』下巻、和歌山県日高郡、1923年、1348頁、中西かつみ「皮田と土地―御坊周辺についての雑考」（渡辺広先生退官記念会編『和歌山の歴史と教育』渡辺広先生退官記念会、1979年）。

(10)『田辺同和史』第3巻、128・142・193頁。

(11)『史料編前近代2』Ⅱ－五－9・10。

(12)『史料編前近代1』Ⅲ－二－7。

(13)『かつらぎ町史　近世史料編』84〜85頁、同『通史編』877〜878頁。

(14)『史料編前近代2』Ⅱ－五－4。

(15) 紀伊国における被差別民に対する風俗規制・排除については『和歌山の部落史　通史編』180〜183頁を参照。

(16)「本朝軍器考」巻九（故実叢書編集部編『故実叢書』第21巻、明治図書出版、1952年）。

(17) 城下町牢番頭家文書編纂会編『城下町警察日記』清文堂出版、2003年、804頁。

(18)『田辺同和史』第3巻、39頁。『史料編前近代2』Ⅰ－三－2。

(19)『史料編前近代1』Ⅱ－三－5〜7。

(20) 城下町牢番頭家文書編纂会編『城下町牢番頭仲間の生活』清文堂出版、2009年、第三章－12。

(21)『城下町牢番頭仲間の生活』第四章－31。藤本清二郎『近世身分社会の仲間構造』部落問題研究所出版部、2011年、361頁。

(22)『城下町牢番頭仲間の生活』第四章－30。『史料編前近代1』Ⅲ－二－4。

(23)『史料編前近代2』Ⅱ－三－1。『田辺同和史』第1巻、93頁。

(24) 前田正明「近世後期、紀州における皮革生産・流通の特質」『史学研究』199号、1993年。

(25) 前田正明「諸獣類取捌きとかわた身分」『部落問題研究』129号、1994年。

(26)『史料編前近代2』Ⅱ－三－4。

(27)『史料編前近代2』Ⅱ－四－36～38、Ⅱ－五－8。『田辺同和史』第3巻11頁。

(28)『城下町牢番頭仲間の生活』第二章－1。

(29) 藤本清二郎『近世身分社会の仲間構造』133頁。

(30)『城下町牢番頭仲間の生活』第四章－2。『和歌山の部落史　通史編』149～150頁。

(31)『和歌山県同和運動史　史料編』32～33頁。安藤精一『近世在方商業の研究』吉川弘文館、1958年、27～46頁。渡辺広『未解放部落の史的研究』329～350頁。

(32) 藤本清二郎『近世身分社会の仲間構造』28頁。

(33)『城下町警察日記』297頁。

(34)『城下町警察日記』800頁。

(35) 渡辺広『未解放部落の形成と展開』306、321頁。

(36)『史料編前近代2』Ⅱ－五－50。

(37)『史料編前近代2』Ⅱ－五－51。

(38)『和歌山県誌』上巻、1547～1549頁。
(39)『田辺同和史』第1巻、290頁。
(40)『田辺同和史』第1巻、290～291頁
(41)『史料編前近代2』Ⅱ－五－54。

Ⅲ－一　ハンセン病問題と和歌山県――近代の湯の峰温泉をめぐって

(1)「湯の峰」「湯峯」「湯峰」等の表記が見られるが、本章では史料を引用する場合を除き、「湯の峰」で統一する。
(2) 角川日本地名大辞典編纂委員会『角川日本地名大辞典30　和歌山県』角川書店、1985年、「湯の峰温泉」の項参照。
(3)『紀伊続風土記』、『西国三十三所名所図会』など。
(4) 服部英雄「いまひとすじの熊野道――小栗街道聞書」『峠の歴史学　古道をたずねて』朝日新聞社、2007年。初出は1995年。
(5)「湯の峰の近況」『紀伊毎日新聞』一九〇〇年一一月二九日。
(6)「湯の峰火災後の状況」『紀伊毎日新聞』一九〇三年五月三〇日。
(7) 一九〇三年六月「四村村会議事録」（本宮町史編さん委員会『本宮町史　近現代資料編』本宮町、2000年、168頁）。
(8)「湯の峰温泉に就て」『紀伊毎日新聞』一九〇三年六月二八日。
(9) 山本俊一『増補日本らい史』東京大学出版会、1997年、45頁。ハンセン病の感染力が誇張された原因として、明治初期のコレラなどの激しい急性伝染病の流行が挙げられる。

（10）和歌山県政史編さん委員会『和歌山県政史』第1巻、和歌山県、1967年、622頁。

（11）「癩患者予防に就て」『紀伊毎日新聞』一九〇九年二月一〇日。

（12）雨潤会編纂・発行『本邦癩病叢録』1919年（『編集復刻版　近現代日本ハンセン病問題資料集成〈戦前編〉』第2巻、不二出版、2002年、収録）。以下『集成』と略記。

（13）内務省衛生局発行『各地方ニ於ケル癩部落、癩集合地ニ関スル概況』1920年（『集成』第2巻に収録）。

（14）小倉渓水『瀬戸のあけぼの』基督教文書伝道会、1959年。

（15）『瀬戸のあけぼの』76頁。「緑館」という名称の由来については、森幹郎『足跡は消えても』ヨルダン社、1996年、185頁参照。

（16）「大正大礼」を始めとして、大礼・大喪など、皇室の重要な行事や、天皇・皇族の来訪にあたり、多数の府県でハンセン病者の取締りが実施されていたことが藤野豊氏によって指摘されている（藤野豊『日本ファシズムと医療』岩波書店、1993年、79頁）。なお、［史料2］に見える強制収容は、一九二九年の昭和天皇の近畿行幸にともなうものである。

（17）『瀬戸のあけぼの』77頁。

（18）ただし、後掲の［史料4］からもわかるように、緑館に滞在していたのは必ずしも金銭的に余裕のある患者ばかりではなかった。

（19）「湯の峰温泉に癩患者収容所　目下建設に奔走中」『大阪朝日新聞・紀伊版』一九二八年一一月二三日、「呪はれた病気に悩む人々のために　玉置喜代作氏の発願で湯の峰温泉に収容所」『大阪毎日新聞・和歌山版』同一一月二七日。

（20）『本宮町史　通史編』は、「ものにはならなかった」としている（839頁）。

（21）「玉置喜代作氏　串本小学校長」『大阪毎日新聞・和歌山県特別号』一九一七年一一月三日。

（22）和歌山県同和会編『和歌山県同和運動史　通史編』和歌山県同和会、1998年、135頁。田辺同和史編纂委員会遍

『田辺同和史』第3巻、田辺市、1995年、411頁。

(23) 「玉置校長の赴任」『紀伊新報』一九一〇年七月九日、『田辺同和史』第3巻、411頁。

(24) 「奇特な校長」『和歌山タイムス』一九一一年九月一七日。米価高騰の折、米穀商と契約して購入した米割引券を部落住民に配布している。

(25) 和歌山県西牟婁郡田辺町編『和歌山県田辺町誌』和歌山県西牟婁郡田辺町、1930年。

(26) 長谷川興蔵校訂『南方熊楠日記』八坂書房、1987~89年。しばしば南方熊楠が玉置喜代作と面会したことが日記に見える。玉置は、神社合祀反対運動に関わって家宅侵入罪で入監中していた熊楠に書簡を寄せている（一九一〇年「入監中ノ手記」）。

(27) 『大阪毎日新聞・和歌山号』一九二〇年九月一日。他に、「先づ東薗部落民の代表と　警察・社会主事の談合会」『紀伊新報』一九二一年二月七日、「玉置社会主事の初気張り　学資金提供の条」『紀伊新報』一九二二年二月一日、「部落視察土産談」『紀伊新報』一九二三年四月七日など。

(28) 『紀南新聞』一九二五年三月二〇日。

(29) 『本宮町史　通史編』795頁。栗栖川村出身の玉置が四村村長に推薦されたのは、大正から昭和戦前期にかけて、四村村を含む旧本宮町域各村の村政が混乱し、村長を選任することが困難であったためである。当時、「山村疲弊」の進行と、昭和恐慌の影響による財政難、政友会・民政党の党派対立が深刻化したことに加え、村の収入源である温泉をめぐって紛糾が続き、村政が混乱していた。

(30) 『南方熊楠日記』一九〇九年七月一四日条に、「夕玉置定平氏（十七才、喜代作氏男）葬式耶蘇教、予の門通る」とある。

(31) 『本宮町史　近現代資料編』466頁。第十三条は、「他ノ入浴者ニ不快ノ感情ヲ起サシムル恐アリト認ムル容貌若クハ形体ノ者」が浴場を使用することを拒絶できると規定しており、この規定にハンセン病患者が該当した。

(32) 藤野豊『「いのち」の近代史――「民族浄化」の名のもとに迫害されたハンセン病患者』かもがわ出版、2001年、他。

(33)「脱走レプラ盗む」『大阪朝日新聞・和歌山版』一九三七年三月二五日。

(34)「湯之沢には各療養所の逃走患者が入湯してゐるので全国療養所の実情が針小棒大に伝へられることは屢々であった」(「湯之沢部落60年史稿」『近代庶民生活誌⑳衛生』三一書房、1995年、410頁)。

(35) 昭和五年「会議申」(『本宮町史　近現代資料編』467頁)。

(36)「湯峰温泉の下湯を廃止　入湯客誘引策に村会で可決　癩患者の姿を消さす」『大阪朝日新聞・和歌山版』一九三〇年四月五日。

(37)「湯の峰に教会設置申請　地元では癩患者送還方針」『大阪朝日新聞・和歌山版』一九三〇年五月一八日。

(38)『本宮町史　通史編』840頁。

(39) 大谷藤郎『らい予防法廃止の歴史』勁草書房、1996年、66頁。

(40)『増補日本らい史』190～191頁。

(41) 従来、無癩県運動は一九三〇年に始まったとされてきたが、近年佐藤労が、無癩県運動は一九三一年の癩予防法の施行後、光田健輔の発案により、政府が推進し、各自治体が同調して広まったという説を提示している(佐藤労「ハンセン病「無癩県運動」の発端について」ハンセン病市民学会編『ハンセン病市民学会年報2007』2007年)。

(42)「通常県会・第十一日」『大阪毎日新聞・和歌山版』一九三〇年一二月一四日。

(43)「参詣道の悪病患者　転軸山麓へ収容　高野山の悩み一つ解決」『大阪朝日新聞・和歌山版』一九三一年四月二四日。高野山の問題については、本書「Ⅲ－二　高野山とハンセン病」を参照。

(44)『瀬戸のあけぼの』89頁。

(45)「湯峰に集る癩患者を　岡山県へ移す」『大阪朝日新聞・和歌山版』一九三一年六月二六日。

(46)「癩病患者は療養所へ」『紀伊新報』一九三一年六月二六日。植野衛生課長は以前、ハンセン病に対する湯の峰温泉の効能を確認している〔史料4〕。

(47)『瀬戸のあけぼの』91頁。湯の峰を引き払う際、「癩患者の住つた家屋は取り壊して焼却せねばならないからその手数料を置いて行け」と村の顔役が却つてこちらの足許を見すかし強談判に来た」と小倉は回想している。

(48)昭和一〇年ごろにハンセン病者のための宿泊施設が取り払われたという聞き取り調査の結果が報告されている（愛知県健康福祉部健康対策課『ハンセン病の記録――ハンセン病と共に・偏見差別のない愛知を求めて』愛知県、2004年、28頁）。

(49)生瀬克己「ハンセン病者の歴史と歴史家の役割」（沖浦和光・徳永進編『ハンセン病　排除・差別・隔離の歴史』岩波書店、2001年）。

Ⅲ－二　高野山とハンセン病――近代以降を中心に

(1)たとえば、山本俊一『増補日本らい史』など。

(2)「癩」という病名には「天刑病」「業病」という宗教上の概念に由来する忌まわしいイメージや、「不治の病」、怖ろしい病気という間違ったイメージがつきまとうため、「らい予防」闘争の中で一九五〇年代初頭から「ハンセン病」に改称することを要望されるようになった。一九九六年に「らい予防法」が廃止されたときに、ようやく公的にも「ハンセン病」と呼ぶように改められた（神美知宏・藤野豊・牧野正直著『知っていますか？ハンセン病と人権　一問一答』第三版、解放出版社、2005年）。

(3)本書「Ⅱ－一　高野山と被差別民」参照。中世以前の高野山とハンセン病の関わりについては、一五世紀に大和国興福寺の「力者一臈正陣法師」が癩病を患い、坂の者の譴責を逃れ高野山に登ったという記録が見える（『大乗院寺社雑事記』文明四年一月二七日条、『経覚私要抄』同二八日条）。前近代のハンセン病をめぐる研究史については、宮前千雅子「前近代における癩者の存在形態について（上）（下）」『部落解放研究』１６６・１６７号、２００５年、にまとめられている。

（4）日野西眞定編著『高野山古絵図集成』清栄社、１９８８年。

（5）『高野山古絵図集成』。

（6）『紀伊続風土記』高野山之部、巻四十五、『紀伊国名所図会』三輯。

（7）『紀伊続風土記』高野山之部。

（8）和歌山の部落史編纂会編集『和歌山の部落史　史料編前近代1』明石書店、２０１４年、Ⅲ－二－81。

（9）日野西眞定「奥之院石塔を中心とする高野山信仰の諸問題（其の一）」『密教文化』第１００号、１９７３年。

（10）禿法師や癩病庵の起源については、ほとんど明らかになっていない。今後の課題としたい。

（11）『史料編前近代2』Ⅲ－二－80・82。

（12）正徳四年一〇月一二日「山林諸法度条々」（農林省編纂『日本林制史資料』第23巻、朝陽会、１９３３年）。

（13）『高野のしおり』は一九二九年までに二二版が発行されている。一九一一年版には阿弥陀堂・癩病庵の項目がなく、巻頭の絵図にも「アミダ堂」は描かれていない。

（14）日本のハンセン病政策が「らい予防法」に基づき強制隔離へと進んでいった過程やその背景については、多くの先行研究がある。近年では花田昌宣が、当時の国際的な状況を踏まえ、戦前の日本のハンセン病政策について検討している（大野哲夫・花田昌宣・山本尚友編『ハンセン病講義　学生に語りかけるハンセン病』現代書館、２０１３年、第四章　日本の近代化過程におけるハンセン病）。

（15）第一区・全生病院（東京府）、第二区・北部保養院（青森県）、第三区・外島保養院（大阪府）、第四区・大島療養所

（香川県）、第五区・九州療養所（熊本県）。

(16)「癩予防ニ関スル取扱手続」『紀伊毎日新聞』一九〇九年六月二〇日。「癩患死者届出ニ関スル件」の条文は、啓文社編集部編『和歌山県令規類纂　警察』（啓文社、1939年）を参考にした。

(17) 本書「Ⅱ－一　高野山と被差別民」参照。

(18)『高野山時報』一九一六年一月五日号

(19)『高野山時報』一九一六年一二月五日号

(20) ある時期に阿弥陀堂は一の橋付近から再度移転し、現在も奥之院の一画に禿法師の墓石とともに残っている。一九二一年発行の『高野山案内記』（姑射山人編）では、一の橋付近にある曽我兄弟の墓等とともに「□弘法大師行状図　□阿弥陀堂」を挙げている。少なくともこの時期までは一の橋付近にあったと考えられる。

(21)［史料1］には「癩病患者の自由往来を禁じ一所に収容すること、」なったとあることから、高野山内（あるいは周辺地域）に「癩病庵」の代替となる施設が設置されたのかもしれない。前近代社会における癩者の集落・組織の明治維新後の展開に関しては、奈良の西山光明院、北山十八間戸、京都の物吉村に関する研究がある。薬師寺の近くにあった西山光明院の場合、最後の患者「西山なか」という女性が一九一六年に死去すると解体された（宮川量「救癩史蹟西山光明院について」（『飛騨に生まれて（宮川量遺稿集）』1977年）、186頁。

(22) 九度山町史編纂委員会編集『改訂九度山町史　通史編』九度山町、2009年、687～692頁。

(23) 高野口町誌編纂委員会編『高野口町誌』下巻、高野口町教育委員会、1968年、829頁。

(24)『改訂九度山町史　通史編』648頁。

(25)『編集復刻版　近現代日本ハンセン病問題資料集成〈戦前編〉』第2巻、不二出版、2002年。

(26)『編集復刻版　近現代日本ハンセン病問題資料集成〈戦前編〉』第2巻。

(27)『和歌山の部落史　史料編近現代1』Ⅰ－八－5。

（28）『和歌山の部落史　史料編近現代1』Ⅰ－八－8。

（29）啓文社編集部編『和歌山県令規類纂　警察』啓文社、１９３９年、383頁。

（30）『大阪府行幸記録』大阪府、１９３１年。

（31）『和歌山の部落史　史料編近現代1』Ⅰ－八－7。

（32）「高野街道の癩患者　掃蕩を如何にする」『和歌山新報』一九二八年一一月二九日。

（33）「高野の屎尿とレプラ退治　蛮勇課長の植野さん島根へ」『和歌山日日新聞』一九三二年一月二二日。

（34）本書「Ⅲ－一　ハンセン病問題と和歌山県」参照。

（35）『日本医事新報』第四五七号（一九三一年五月一六日発行）英文欄（CURRENT COMMENTS AND NEWS OF THE JAPANESE MEDICAL CIRCLE）。参考のため全文を引用する。

The Koyasan Shed for Lepers: The Koyasan Buddists' Cathedral has been over ten centuries standing and from olden times it has been known to be a place of refuge for war or socially stricken people,among whom lepers have been found. To provide a shed for the way － side wandering lepers,the cathedral proprietor established a plain abode in which an accomodation for 15 male and 5 female cases has been provided.

文中の〝shed〟は、納屋、小屋を意味する単語である。なお、第四五六号（五月二三日発行）のドイツ語欄にも同内容の記事が掲載されている。〝shed〟は、納屋、小屋を意味する単語である。

（36）宮川量「癩をたづねて高野に登る」『長島開拓』長島愛生園慰安会、１９３２年。

（37）癩予防協会の『事業成績報告書　第一回（昭和六年度）』（一九三三年発行）に収録された会員名簿には、特別会員として「伊都郡高野町　金剛峯寺」「同五ノ室千住院品講」「同　蓮花谷院内講」「同　中院谷南谷」「伊都郡　橋本警察署管内有志」、終身会員として「伊都郡高野町　東小田原院内講」が見える。

（38）第三区府県立外島保養院編『外島保養院年報』第三区府県立外島保養院、１９３４年。

(39)『賤者考』については、本書「Ⅱ－二　近世紀伊国の多様な被差別民」を参照。

(40)『紀伊毎日新聞』一九〇一年三月九日。一八日は観音の縁日であり、千手観音を本尊とする紀三井寺との関連する行事なのかもしれない。鎌倉時代末に成立した仏教書『渓嵐拾葉集』には、粉河観音が示したとされる癩病平癒の秘術が収録されており（『和歌山の部落史　史料編前近代1』Ⅱ－一－33）、観音信仰（特に西国三十三所順礼）とハンセン病の関係については別途検討する必要がある。

(41)山本俊一『増補　日本らい史』東京大学出版会、1997年、藤野豊『「いのち」の近代史――「民族浄化」の名のもとに迫害されたハンセン病患者』かもがわ出版、2001年。

(42)『大阪朝日新聞・和歌山版』一九四一年七月一一日。

(43)たとえば熊本県は「熊本県「無らい県運動」検証委員会」を設置し、報告書の作成を進めており、大阪府も「無癩県運動」に関わる行政資料のインターネット上での公開を検討している。

あとがき

大学では歴史学を専攻したが、部落史に関する知識はほとんどなかった。和歌山の部落史編纂事業に関わるようになって、作業部会や史料調査を通じて委員の先生方から部落史や部落問題について本当に多くのことを学ばせていただいた。とくに、編纂委員長の故薗田香融先生から、調査への行き帰りの自動車の中で「集中講義」をうかがうことができたのは、貴重な経験となった。今回、学んだことの成果を一冊の本にまとめたことで、多少なりとも学恩に報いることができれば幸いである。

勤務先である和歌山人権研究所では、日々の業務はハードな時期はあったものの、研究に関しては自由にのびのびと関心のあるテーマを追究することができた。ひとえに事務局のみなさんの理解とはげましのおかげである。

ハンセン病問題については、ハンセン病回復者サポーターズ・虹の会おおさかのメンバーやハンセン病関西退所者原告団いちょうの会のみなさんから、ハンセン病問題の現状について教えていただいた。

最近はさまざまな研究会や講座に誘っていただくことも多く、研究成果を報告したり、議論に参加したりすることが、研究を進める上でも大きな原動力となっている。

本書の編集にあたって、丁寧なアドバイスをしていただいた大槻武志さんと、組版・レイアウトを担当していただいた小山光さんにも感謝申し上げたい。

２０１６年にはヘイトスピーチ対策法、部落差別解消推進法が成立・施行されたが、インターネットを悪用した部落差別事件や、差別を煽動する人・団体による差別行為は依然として看過できない。そのような状況にあって、部落史や被差別民衆史を明らかにすることの意義を常に自問しながら、さらに研究を深めていきたい。

２０１７年３月

矢野治世美

初出一覧（本書をまとめるにあたり加筆・修正した）

Ⅰ－一　「研究ノート・近世高野山の女人禁制について」『和歌山人権研究所紀要』６号、２０１５年８月

Ⅰ－二　「浄土真宗の「尼講」について―紀伊国の事例から―」『部落解放研究』１９７号、２０１３年３月

Ⅰ－三　『和歌山の部落史　通史編』明石書店、２０１５年（共著）、執筆分担部分

Ⅱ－一　「高野山と被差別民」『リベラシオン』１５９号、２０１５年８月

Ⅱ－二　『和歌山の部落史　通史編』明石書店、２０１５年（共著）、執筆分担部分

Ⅱ－三　『和歌山の部落史　年表・補遺』明石書店、２０１５年（共著）、『和歌山の部落史　通史編』明石書店、２０１５年（共著）、執筆分担部分

書評１　「書評　下坂守『中世寺院社会と民衆　衆徒と馬借・神人・河原者』」『京都部落問題研究資料センター通信』39号、２０１５年４月

書評２　「書評　寺木伸明／黒川みどり共著「入門　被差別部落の歴史」」『ヒューマンライツ』３４１号、２０１６年８月

Ⅲ－一　「ハンセン病問題と和歌山県―近代の湯の峰温泉をめぐって―」『和歌山人権研究所紀要』３号、２００９年６月

Ⅲ－二　「高野山とハンセン病―近代を中心に―」『和歌山人権研究所紀要』５号、２０１４年７月

付論１　「和歌山県とハンセン病問題～戦後の新聞記事から」『和歌山研究所通信』29号、２００８年３月

付論２　「外島保養院の記憶をのこすために」『和歌山研究所通信』49号、２０１５年６月

参考文献

愛知県健康福祉部健康対策課『ハンセン病の記録――ハンセン病と共に・偏見差別のない愛知を求めて』、愛知県、２００４年

青柳周一「自芳尼「西国順拝名所記」（一）」『滋賀大学経済学部附属史料館研究紀要』36号、２００３年

朝治武「全国水平社創立の地下水」（畑中敏之・朝治武・内田龍史編著『差別とアイデンティティ』、阿吽社、２０１３年）

朝治武『差別と反逆　平野小剣の生涯』、筑摩書房、２０１３年

荒木繁・山本吉左右編注『説経節』、平凡社、１９７３年

安藤精一『近世在方商業の研究』、吉川弘文館、１９５８年

石井良助『近世民事訴訟法史』、創文社、１９８４年

大越愛子『叢書　現代の宗教11　女性と宗教』、岩波書店、１９９７年

大越愛子・源淳子・山下明子『性差別する仏教』、法蔵館、１９９０年

大阪の部落史委員会編『大阪の部落史』全10巻、部落解放・人権研究所、２０００～２００９年

大阪府編『大阪府行幸記録』、大阪府、１９３１年

大隅和雄・西口順子編『シリーズ　女性と仏教』全4巻、平凡社、１９８９年

太田明「ハンセン病と人権」『部落解放史ふくおか』１１５号、２００４年

大谷藤郎『らい予防法廃止の歴史　愛は打ち克ち城壁崩れ陥ちぬ』、勁草書房、１９９６年
大野哲夫・花田昌宣・山本尚友編『ハンセン病講義　学生に語りかけるハンセン病』、現代書館、２０１３年
岡野治子「フェミニスト視点からの日本宗教批判」（奥田暁子・岡野治子編著『宗教のなかの女性史』、青弓社、１９９３年）
岡本弥『融和運動の回顧』、光風文庫、１９４１年
小川龍一『紀南地方社会運動史――戦前（第三分冊）』、１９７２年
小倉渓水『瀬戸のあけぼの』、基督教文書伝道会、１９５９年
笠原正夫「天正の兵乱と近世高野山寺領の成立」『鈴鹿国際大学紀要 Campana』16号、２０１０年
かつらぎ町史編集委員会編集『かつらぎ町史』全4巻、かつらぎ町、１９８３～２００６年
加藤康昭『日本盲人社会史研究』、未来社、１９７４年
金子マーティン「紡績工業における被差別部落婦人労働試論」『部落解放研究』40号、１９８４年
加茂順成「真宗的伝道――「御文」と「講」の仕組みに学ぶ」『印度學佛教學研究』60巻2号、２０１２年
紀州藩牢番頭家文書編纂会編『城下町警察日記』、清文堂出版、２００３年
紀州藩牢番頭家文書編纂会編『城下町牢番頭仲間の生活』、清文堂出版、２００９年
北野裕子「西本願寺の婦人融和事業再考」（千葉乗隆編『日本の社会と真宗』、思文閣出版、１９９９年）
串本町史編さん委員会編『串本町史』全2巻、１９８８～１９９５年
九度山町史編纂委員会編『改訂九度山町史』全3巻、別冊1巻、２０００～２００９年
河野淳一郎「『公私日記』にみる幕末期名主の妻」（総合女性史研究会編『日本女性史論集6　女性の暮らしと労働』、吉川弘文館、１９９８年）
神美知宏・藤野豊・牧野正直著『知っていますか？ハンセン病と人権　一問一答（第3版）』、解放出版社、２００５年

高野口町誌編纂委員会編『高野口町誌』上・下巻、高野口町教育委員会、1968年
高野山金剛峰寺記念大法会事務局編『高野山千百年史』、金剛峰寺、1914年
粉河町史編さん委員会編『粉河町史』全5巻、粉河町、1986～2003年
左右田昌幸「史料紹介　摂津国東成郡荒生村常宣寺所蔵史料について」『大阪の部落史通信』39号、2006年
佐竹昭広他編『東路記　己巳紀行　西遊記（新日本古典文学大系98）』、岩波書店、1991年
佐藤労「ハンセン病「無癩県運動」の発端について」『ハンセン病市民学会年報　2007』、2007年
柴桂子『近世おんな旅日記』、吉川弘文館、1997年
新城常三『新稿　社寺参詣の社会経済史的研究』、塙書房、1982年
鈴木裕子「部落女性と解放運動」（黒川みどり編著『部落史研究からの発信　第2巻　近代編』、解放出版社、2009年）
鈴木裕子『水平線をめざす女たち　婦人水平運動史（増補新版）』、ドメス出版、2002年
鈴木正崇『女人禁制』、吉川弘文館、2002年
総合女性史研究会編著『日本女性史論集5　女性と仏教』、吉川弘文館、1998年
第三区府県立外島保養院編『風水害記念誌』、第三区府県立外島保養院、1935年
高市志友他著『紀伊名所図会』東洋書院、1991年
田辺同和史編さん委員会編『田辺同和史』全4巻、田辺市、1995～2002年
知名定寛「沖縄における真宗の展開――中山国尼講について」『神戸女子大学紀要　文学部篇』17号、1984年
千葉乗隆編著『仏教婦人会百五十年史』、同朋舎、1982年
千葉乗隆編『本願寺史料集成　木仏之留　御影様之留』、仏教婦人会総連盟、1980年
手嶋一雄「近世後期国学における穢れと差別観念の考察」『部落問題研究』98号、1989年

伝道院特定課題研究会『教学シリーズ№1　女人往生（第3版）』、本願寺出版社、1993年
東京大学史料編纂所編『大日本古文書　家わけ第一　高野山文書』全8巻、東京大学出版会、1979年
中川みゆき「座頭祝銭に関する研究ノート——座頭と寺院の争論」『奈良県立同和問題関係史料センター　研究紀要』6号、1999年
長島愛生園慰安会編『長島開拓』、長崎書店、1932年
中西かつみ「皮田と土地——御坊周辺についての雑考」（渡辺広先生退官記念会編『和歌山の歴史と教育』、渡辺広先生退官記念会、1979年）
長野ひろ子「農村における女性の役割と諸相」（女性史総合研究会編『日本女性生活史　第3巻　近世』、東京大学出版会、1990年）
奈倉哲三『真宗信仰の思想史的研究』、校倉書房、1990年
生瀬克己「ハンセン病者の歴史と歴史家の役割」（沖浦和光・徳永進編『ハンセン病　排除・差別・隔離の歴史』、岩波書店、2001年）
仁井田好古等編『紀伊続風土記』、歴史図書社、1970年
西木浩一「近世「賤民」身分の女性をめぐって」（総合女性史研究会編『日本女性史論集1　女性史の視座』、吉川弘文館、1997年）
西口順子「女性と仏教・軌跡と動向」『国文学　解釈と鑑賞』69巻6号、2004年
農林省編纂『日本林制史資料』第23巻、朝陽会、1933年
野上町誌編さん委員会編集『野上町誌』全2巻、野上町、1985年
橋本市史編さん委員会編『橋本市史』全6巻、橋本市、2001～2012年
長谷川興蔵校訂『南方熊楠日記』全4巻、八坂書房、1987～1989年

服部英雄『河原ノ者・非人・秀吉』、山川出版社、２０１２年
服部英雄『峠の歴史学　古道をたずねて』、朝日新聞社、２００７年
日前神宮国懸神宮編『官幣大社日前神宮国懸神宮本紀大略』、日前神宮国懸神宮、１９１６年
日野照正『摂津国真宗開展史』、同朋舍、１９８６年
日野西眞定「奥院石塔を中心とする高野山信仰の諸問題（其の一）」『密教文化』１００号、１９７２年
日野西眞定「高野山三昧聖の研究」（細川涼一編『三昧聖の研究』、碩文社、２００１年）
日野西眞定「高野山の女人禁制に関する史料とその解説（一）」『密教文化』１１５号、１９７６年
日野西眞定「高野山の女人禁制（上）・（下）」『説話文学研究』27〜28号、１９９２〜１９９３年
日野西眞定「高野山の結界と女人禁制などのタブー（三）」『霊宝館だより』97号、２０１１年
日野西眞定編集・解説『野山名霊集』、名著出版、１９７９年
日野西眞定編著『高野山古絵図集成』、清栄社、１９８８年
広瀬浩二郎『障害者の宗教民俗学』、明石書店、１９９７年
福間光超他編『真宗史料集成　第6巻（各派門主消息）』、同朋舍、１９８３年
藤井寿一「田辺地域における『鉢坊』（おんぼう）の存在形態」（細川涼一編『三昧聖の研究』、碩文社、２００１年）
藤井寿一「高野山「谷之者」の身分意識」（畑中敏之・朝治武・内田龍史編『差別とアイデンティティ』、阿吽社、２０１０年）
藤野豊『日本ファシズムと医療』、岩波書店、１９９３年
藤野豊『「いのち」の近代史――「民族浄化」の名のもとに迫害されたハンセン病患者』、かもがわ出版、２００１年
藤野豊編・解説『近現代日本ハンセン病問題資料集成〈戦前編〉』全8巻、不二出版、２００２年
藤本清二郎「近世の聖＝おんぼう身分と村落」（細川涼一編『三昧聖の研究』、碩文社、２００１年）

藤本清二郎『近世身分社会の仲間構造』、部落問題研究所出版部、２０１１年
藤本清二郎『城下町世界の生活史』、清文堂出版、２０１４年
藤原豊「仏教と差別──本願寺と穢寺制度」（寺木伸明・中尾健次編著『部落史研究からの発信　第１巻　前近代編』、解放出版社、２００９年）
部落問題研究所編『水平運動史の研究』全６巻、部落問題研究所出版部、１９７１〜１９７７年
逸木盛照「紀州民俗誌」（倉石忠彦他編『日本民俗誌集成』第15巻、三一書房、１９９７年）
「北栄のむかし」編集委員会編『北栄のむかし』、１９７８年
本宮町史編さん委員会編『本宮町史』全４巻、本宮町、１９９７〜２００４年
前田淑『近世女人の旅日記集』、葦書房、２００１年
前田正明「諸獣類取捌きとかわた身分」『部落問題研究』１２９号、１９９４年
前田正明「近世後期、紀州における皮革生産・流通の特質」『史学研究』１９９号、１９９３年
三尾八朔『天保年代物貰集』、私家版、２００９年
三鬼清一郎「近世初期における普請について」『名古屋大学文学部研究論集　史学』89号、１９８４年
水原堯栄『女性と高野山』、小堀南岳堂、１９１４年
南博他編『近代庶民生活誌⑳病気・衛生』、三一書房、１９９５年
源淳子編著『女人禁制Ｑ＆Ａ』、解放出版社、２００５年
宮川量『飛騨に生まれて（宮川量遺稿集）』、１９７７年
三宅美千子「大阪とハンセン病ゆかりの地（２）」『部落解放』６８３号、２０１３年
宮﨑恭子・髙嶋洋子『部落女性のくらし──女性解放への道』、和歌山人権研究所、２００４年
宮前千雅子「前近代における癩者の存在形態について（上）（下）」『部落解放研究』１６６〜１６７号、２００５年

宮本常一他編『庶民生活史料集成』第14巻、三一書房、1971年
森栗茂一「境界集落の渡世――隅田荘真土村」『国立歴史民俗博物館研究報告』69号、1996年
森彦太郎編『紀州文献日高近世史料』、臨川書店、1974年
森幹郎『足跡は消えても』、ヨルダン社、1996年
山本俊一『増補日本らい史』、東京大学出版会、1997年
好井裕明『差別の現在　ヘイトスピーチのある日常から考える』、平凡社、2015年
吉田栄治郎「近世夙村の被賤視解除の戦略をめぐって」『奈良県立同和問題研究史料センター　研究紀要』13号、2007年
吉村旭輝「近世田楽法師の世襲と退転」『芸能史研究』203号、2013年
和歌山県編『和歌山県誌』上・下巻、和歌山県、1914年
和歌山県教育委員会編『高野山結界道、不動坂、黒河道、三谷坂及び関連文化財学術調査報告書』、和歌山県教育委員会、2012年
和歌山県政史編さん委員会『和歌山県政史』全5巻、1967～2002年
和歌山県同和委員会編『和歌山県同和運動史』全2巻、1995～1998年
和歌山県那賀郡編『和歌山県那賀郡誌』上・下巻、那賀郡、1922～1923年
和歌山県西牟婁郡田辺町編『和歌山県田辺町誌』、和歌山県西牟婁郡田辺町、1930年
和歌山県日高郡役所編『和歌山県日高郡誌』、和歌山県日高郡役所、1923年
和歌山市史編纂委員会編『和歌山市史』全10巻、和歌山市、1975～1992年
和歌山の部落史編纂会編集『和歌山の部落史』全7巻、明石書店、2010～2015年
渡邊忠司「近世社会と離婚女性――在方無高百姓養女の場合」『仏教大学　歴史学部論集』創刊号、2011年

渡辺広『未解放部落の史的研究』、吉川弘文館、１９６３年
渡辺広『未解放部落の形成と展開』、吉川弘文館、１９７７年
渡辺広『未解放部落の源流と変遷』、部落問題研究所出版部、１９９４年

索　引

著者略歴

矢野 治世美（やの　ちよみ）

1979年生まれ。大阪市立大学大学院文学研究科前期博士課程修了。2006年より一般社団法人和歌山人権研究所に勤務。2015年より近畿大学生物理工学部非常勤講師。

主な著書・論文

『和歌山の部落史　通史編』明石書店、2015年（共著）
『和歌山の部落史　年表・補遺』明石書店、2015年（共著）
「浄土真宗の『尼講』について—紀伊国の事例から—」『部落解放研究』№197、2013年
「高野山と被差別民」『リベラシオン』№159、2015年
「高野山文書に見る排除と受容」『部落解放と大学教育』第29号、2016年

和歌山の差別と民衆　女性・部落史・ハンセン病問題

2017年3月31日　初版第1刷発行

著　者――矢野治世美
発行者――小笠原正仁
発行所――株式会社 阿吽社
〒602-0017 京都市上京区衣棚通上御霊前下ル上木ノ下町73-9
TEL 075-414-8951　FAX 075-414-8952
URL : aunsha.co.jp
E-mail : info@aunsha.co.jp

印刷・製本――モリモト印刷株式会社

ISBN978-4-907244-30-9 C0021
定価はカバーに表示してあります

畑中敏之・朝治武・内田龍史◉編著

差別とアイデンティティ

定価：本体2500円＋税　ISBN 978-4-907244-02-6

被差別者におけるアイデンティティは解放の主体としてどのように機能してきたのか。歴史的分析による身分論への言及を行なう論稿集。執筆者：小笠原正仁・駒井忠之・関口寛・高野豊・手島一雄・中尾健次・廣岡浄進・藤井寿一・前川修・村上紀夫。

畑中敏之◉著

身分を越える　差別・アイデンティティの歴史的研究

定価：本体8000円＋税　ISBN 978-4-907244-20-0

身分とは、職業的・地域的に共通の特徴を有した社会的な（または出自による）人間存在のあり方、つまり〈身分＝アイデンティティ〉である。著者は、身分を肯定も否定もしない、ただ〈越える〉対象と考える。「穢多狩」について／「身分引上」と「醜名除去」／身分呼称と歴史認識の再検討／「五寸釘寅吉」物語と部落問題／「爆弾三勇士」をめぐる風評と部落問題／歴史における〈身分〉をどう教えるか　ほか。